高速公路隧道区域
交通安全防护技术

吕思忠 郭 洪 龚 帅 编著

人民交通出版社股份有限公司

北 京

内容提要

本书主要介绍高速公路隧道区域交通安全防护技术，共分6章，包括绪论、隧道交通环境与运营情况调研及安全影响因素分析、隧道之间交通安全防护技术、隧道入口交通安全防护技术、隧道内交通安全防护技术，以及隧道出口交通安全防护技术。

本书可供隧道交通安全防护设计、管理养护、科研等部门的工程技术人员使用，也可作为高等院校相关专业师生参考用书。

图书在版编目（CIP）数据

高速公路隧道区域交通安全防护技术／吕思忠，郭洪，龚帅编著. — 北京：人民交通出版社股份有限公司，2023.7

ISBN 978-7-114-18730-8

Ⅰ.①高… Ⅱ.①吕… ②郭… ③龚… Ⅲ.①高速公路—公路隧道—交通运输安全 Ⅳ.①U459.2

中国国家版本馆 CIP 数据核字（2023）第 065024 号

Gaosu Gonglu Suidao Quyu Jiaotong Anquan Fanghu Jishu

书　　名：	高速公路隧道区域交通安全防护技术
著 作 者：	吕思忠　郭　洪　龚　帅
责任编辑：	张江成　李　娜
责任校对：	赵媛媛　魏佳宁
责任印制：	张　凯
出版发行：	人民交通出版社股份有限公司
地　　址：	（100011）北京市朝阳区安定门外外馆斜街3号
网　　址：	http://www.ccpcl.com.cn
销售电话：	（010）59757973
总 经 销：	人民交通出版社股份有限公司发行部
经　　销：	各地新华书店
印　　刷：	北京虎彩文化传播有限公司
开　　本：	787×1092　1/16
印　　张：	12
字　　数：	279千
版　　次：	2023年7月　第1版
印　　次：	2023年7月　第1次印刷
书　　号：	ISBN 978-7-114-18730-8
定　　价：	68.00元

（有印刷、装订质量问题的图书，由本公司负责调换）

编写委员会

主　　编：吕思忠　郭　洪　龚　帅
副 主 编：崔　建　朱振祥　邓　宝
编　　写：李昌辉　刘　航　王　新　王　琳　许思思　段美栋
　　　　　杨福宇　梁美君　亢寒晶　张军华　马　晴　李　彬
　　　　　胡学成　尉　超　刘思源　庞学冬　龚趁心　谢于刚
　　　　　蒋艺航　蒋　洁　陈建波　闫　晨　孙建华　宋士平
　　　　　王　刚　贾　敬　孙岩平　纪延安　冯洪波　褚清凯
　　　　　殷繁文　李　浩　庞世华　马先坤　朱　郑　刘胜松
　　　　　郑　妍　马银强　耿雪飞　刘彦涛　闫飞龙　董振伟
　　　　　刘　鑫　赵　凯　薛立洲　王　冻　杨　杰　孙世栋
　　　　　张　伟　秦文彬　刘　超　孟晓龙　王　亮　潘　涛
　　　　　杨照兴　宋亮亮　赵浩泽　段文静
审　　定：陈冠雄　闫书明
编写单位：山东高速股份有限公司
　　　　　北京华路安交通科技有限公司

前　言

我国实施西部大开发战略以来,高速公路的建设重心正逐渐从东部的平原微丘区进入中西部的山岭重丘区。由于山区地质情况复杂,地形起伏和落差大,采用长隧道、特长隧道以及隧道群等形式的公路里程越来越长。截至2021年底,我国公路隧道总数已经达到23268座,总长度超过24698.9km,其中长隧道与特长隧道数量分别达到6211座和1599座,公路隧道的建成和运营在促进行车快捷、安全、节约、环保等方面产生了巨大的社会经济效益。然而隧道作为公路的特殊构造物,其长管形空间及封闭性结构使得洞内空气污染严重、环境噪声较大、交通空间受限、洞内和洞外亮度差异显著,成为公路交通运输网络的"瓶颈"路段,不仅事故多发,而且易造成群死群伤恶性事故,发生交通事故后难于处理。如何提升高速公路隧道区域的交通安全水平,为人们提供更安全的公路隧道交通环境,是目前迫切需要研究解决的问题。

高速公路隧道之间、隧道出入口以及隧道内部等区域的交通环境不仅复杂,且各具特点,不同区域的防护机理和关键点有所不同。为了更好地保障高速公路隧道区域交通安全,山东高速股份有限公司联合北京华路安交通科技有限公司开展研究并编撰《高速公路隧道区域交通安全防护技术》一书,本书汇集了隧道之间交通安全防护技术、隧道入口交通安全防护技术、隧道内交通安全防护技术,以及隧道出口交通安全防护技术等研究成果,期待能够对高速公路隧道区域交通安全防护提供技术指导和数据支撑。

全书共分6章,较为系统地介绍了高速公路隧道区域交通安全防护技术,为其合理应用提供数据支撑。第1章介绍了当前我国高速公路隧道区域的交通安全现状,详细梳理了国内外在隧道区域行车安全影响因素、运行速度预测与安全风险评估、主动与被动安全防护等方面的研究现状,并说明了隧道区域交通安全防护技术研究的意义;第2章结合实际调研数据,介绍了隧道区域的交通环境与交通运营情况,并系统分析了隧道区域行车安全影响因素;第3章给出了基于运行速度的隧道群定义,建立了山区高速公路长大隧道群区域运行速度预测模型,采用基于运行速度的安全风险评估方法对隧道群区域各特征路段进行了安全风险评估,并给出了隧道之间区域的安全防护建议措施;第4章介绍了隧道入口被动安全防护设施的研究方法,即计算机仿真分析技术与实车足尺碰撞试验技术,系统分析了隧道入口护栏安全防护等级、碰撞条件、碰撞点位置，提出了多种兼具防撞功能、导向功能、防较大侧倾功能的隧道入口护栏结构，并从主动安全防护的角度，提出了有效措施和建议；第 5 章介绍了隧道内的交通安全防护现状，针对高速公路隧道内检修道、横洞以及紧急停车带等位置的被动安全防护进行了探索性研究，为隧道内安全防护技术研究提供了可行的研究思路；第 6 章介绍了隧道出口的交通安全防护现状，并给出了主动安全防护与被动安全防护的措施与建议。

  我国公路交通安全事业的发展日新月异，公路隧道交通安全技术的进步突飞猛进，希望本书能为我国公路隧道交通安全防护技术的进一步发展和完善起到推动作用，同时也能为隧道交通安全科研工作者和管理者们提供借鉴和帮助。本书在编写过程中引用了国内外许多专家学者的研究成果和文献，同时本书的编辑、出版和发行得到了人民交通出版社股份有限公司的大力支持，在此致以衷心的感谢。

  由于编写人员的水平和经验有限，书中难免存在疏漏和不当之处，恳请广大读者批评指正。

编著者
2022 年 11 月

目　　录

第1章　绪论 ·· 1
1.1　隧道区域交通安全现状 ·· 1
1.2　国内外相关技术及研究现状 ·· 6
1.3　隧道区域交通安全防护技术研究的意义 ··· 16

第2章　隧道交通环境与运营情况调研及安全影响因素分析 ···································· 17
2.1　隧道区域交通环境调研 ··· 17
2.2　隧道区域交通运营情况调研 ··· 20
2.3　隧道区域行车安全影响因素分析 ·· 59
2.4　本章小结 ·· 64

第3章　隧道之间交通安全防护技术 ·· 65
3.1　基于运行速度的隧道群定义 ··· 65
3.2　隧道之间运行速度预测研究 ··· 67
3.3　隧道之间安全风险评估方法研究 ·· 76
3.4　隧道之间安全防护措施与建议 ·· 83
3.5　本章小结 ·· 89

第4章　隧道入口交通安全防护技术 ·· 90
4.1　隧道入口被动安全防护关键技术 ·· 90
4.2　隧道入口主动安全防护措施与建议 ·· 133
4.3　本章小结 ·· 139

第5章　隧道内交通安全防护技术 ··· 140
5.1　概述 ·· 140
5.2　隧道内被动安全防护探索 ·· 147
5.3　隧道内主动安全防护措施与建议 ··· 159
5.4　本章小结 ·· 161

第6章 隧道出口交通安全防护技术 ·········· 162
6.1 概述 ·········· 162
6.2 隧道出口被动安全防护设置研究 ·········· 166
6.3 隧道出口主动安全防护措施与建议 ·········· 171
6.4 本章小结 ·········· 171

参考文献 ·········· 173

第1章 绪 论

1.1 隧道区域交通安全现状

隧道作为高速公路穿山越岭、优化道路线形、减少大填大挖、避免地质灾害的重要手段,在改善公路技术状态、缩短运行距离、提高运输能力等方面起到了重要的作用。随着国家及地方高速公路网规划的逐步实施以及高速公路不断向山区延伸,在高速公路建设快速推进的过程中,长大公路隧道及隧道群成为我国西南部及南部地区,如重庆、贵州、浙江、江西、福建、广东和广西等隧道建设大省(自治区、直辖市)需要进行重点攻关的工程建设项目。近年来,隧道及隧道群建设得到了快速发展。新中国成立初期,我国仅建成30多处公路隧道,共计约2.5km;到了20世纪70年代末,公路隧道建设速度大幅提升,在1979年我国公路隧道通车里程达到52km,约374处;截至2021年底,全国已建成的公路隧道数量达到了23268处,其中特长隧道1599处,长隧道6211处,总长度约1.9万km。我国已成为世界上隧道最多、最复杂、建设速度最快的国家,图1-1所示为近20年全国隧道里程数量的发展变化。

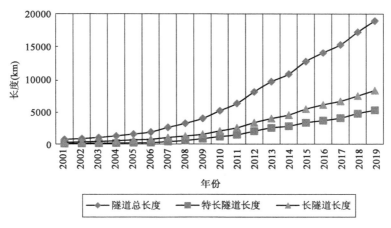

图1-1 全国公路隧道里程发展

隧道作为公路的特殊构造物,其长管形空间及封闭性结构使得洞内空气污染严重、环境噪声较大、洞内与洞外亮度差异悬殊、交通空间受限,易成为公路交通运输网络的"瓶颈"路段,易造成群死群伤的恶性事故,而且隧道内发生交通事故后处理困难。例如:2005年5月4日发生的广深高速公路虎背山隧道大型客车追尾事故导致1人死亡,38人受伤,造成广深高速公路堵车 3h;2005 年 12 月 17 日,一辆小汽车在清黄公路大扁山隧道路段与前面一辆满载煤炭的大型货车猛烈相撞,导致小汽车车头严重损坏变形,小汽车上的 4 人因伤势严重全部死亡;2008 年 5 月 4 日,一辆满载小麦的大型货车在京珠高速公路大宝山隧道路段与一辆罐车追尾相撞,两车起火爆炸,大型货车上两名驾驶员身亡,受爆炸冲击,大宝山隧道部分墙体震塌,道路阻塞超过 12h。隧道区域在造成经济损失及在事故总数、受伤人数、死亡人数所占的比例均远高于普通公路路段。2012—2016 年全国隧道区域发生的涉及人员伤亡的道路交通事故共 2391 起,造成 1154 人死亡、2981 人受伤,直接财产损失 6700.7 万元,事故起数、死亡人数分别占这 5 年事故总数的 0.24% 和 0.39%,平均每年发生事故 478 起,导致 231 人死亡。近年来公路隧道区域典型交通事故见表 1-1。

近年来公路隧道区域典型交通事故　　　　　　表 1-1

时间	隧道名称	事故损失
2002 年 1 月 10 日	甬台温高速公路猫狸岭隧道	1 车烧毁,百万元设施烧毁
2005 年 8 月 1 日	金丽温高速公路牛廷岭隧道	1 车烧毁
2006 年 5 月 1 日	西湟高速公路响河隧道	2 车烧毁,1 人死亡,4 人受伤
2006 年 7 月 20 日	罗长高速公路洋门岭隧道	1 车烧毁
2007 年 5 月 31 日	安徽试刀山隧道	1 车烧毁
2008 年 5 月 4 日	京珠高速公路大宝山隧道	2 车烧毁,2 人死亡,5 人受伤
2008 年 9 月 4 日	浙江省金丽温高速公路俞庄隧道	撞隧道洞口端墙,大型客车死亡 10 人
2009 年 1 月 19 日	秦岭终南山隧道	1 车部分烧毁
2009 年 8 月 2 日	重庆北碚隧道	40 车相撞,11 人死亡,6 人受伤
2010 年 7 月 6 日	无锡惠山隧道	1 车烧毁,24 人死亡,19 人受伤
2011 年 8 月 5 日	包茂高速公路水冲隧道	2 人受伤
2011 年 10 月 29 日	兰渝铁路黑山隧道	中型货车载客,制动失灵翻车,24 人死亡
2014 年 3 月 1 日	山西晋城段晋济高速公路岩后隧道	两辆运输甲醇的铰接列车追尾,33 辆车燃烧爆炸,40 人死亡
2014 年 5 月 1 日	飞鸾岭隧道	3 车烧毁
2015 年 2 月 9 日	上海外环隧道	1 车撞毁,2 人死亡
2015 年 9 月 11 日	大广高速公路戴咀 2 号隧道	隧道出口路面湿滑,货车碰撞大型客车,11 人死亡
2016 年 7 月 31 日	云南阳宗隧道	2 车撞毁,3 人死亡,6 人受伤
2016 年 9 月 27 日	太古高速公路 2 号隧道	8 人死亡,1 人重伤
2016 年 10 月 17 日	南京玉兰路隧道	4 车撞毁,2 人死亡
2017 年 4 月 8 日	沈海高速公路长安隧道	2 车部分撞毁
2017 年 5 月 9 日	山东威海陶家夼隧道	租用客车,12 人死亡
2017 年 5 月 23 日	张石高速公路浮图峪五号隧道	距出口 30m,车辆爆炸燃烧,13 人死亡
2017 年 8 月 10 日	秦岭一号隧道事故	撞上洞门端墙,大型客车 36 人死亡,13 人受伤

续上表

时间	隧道名称	事故损失
2018年1月21日	黎子坪隧道	小型载客汽车与大型旅游客车迎面相撞,导致3人死亡,两辆车不同程度受损
2019年8月27日	甬台温高速公路猫狸岭隧道	隧道货车起火,5人死亡,36人受伤
2019年12月4日	临沧凤庆在建高速公路安石隧道	12人死亡,1人受伤
2020年12月4日	新建路隧道	摩托车单车事故,1人死亡,1人受伤

研究表明,公路隧道区域的交通事故主要具有以下特点:

(1)相对于一般路段,隧道路段是高速公路交通事故多发路段,特别是在交通量较大的路段,隧道区域的事故率是一般路段的1.2~1.95倍。

(2)从事故发生时间看,白天多于晚上,雨天高于晴天,特别是雨后6~10h之间形成事故高峰期,图1-2所示为降雨天气下隧道区域发生的交通事故案例。

a)事故案例一

b)事故案例二

c)事故案例三

d)事故案例四

图1-2 降雨天气下隧道区域发生的交通事故案例

(3)从事故发生的空间分布看,隧道内发生的事故既非均匀分布,也非随机分布,而是集中在隧道入口处。即在隧道区域交通事故中隧道入口位置的事故率最高,且隧道入口相对复杂的环境和特殊结构给交通安全防护带来一定难度。目前隧道入口交通安全防护,采取主动防护和被动防护相结合的设计思路。主动防护设施一般包括标志和标线,起到警示和诱导作用,从而尽量减少车撞事故的发生和损失;被动防护设施一般为防撞护栏,主要作用是降低事故发生的严重程度,减少车辆越出公路限界或驶入对向车道等恶性事故的发生,是事故车辆在公路上的"最后一道防线"。根据现场和相关资料调查,现阶段我国隧道入口安全设施存在的主要问题包括:主动防护设施缺少或不合理,如隧道入口路段标线未进行渠化,未设置导流线、防滑标线和过渡段渠化标线,未设置禁止超车标志,限速标志设置不规范,隧道标志布设不合理等;被动防护设施缺失或不合理,如部分隧道入口处的路基或桥梁护栏一般直接断开、无防护,大部分隧道入口处护栏没有进行合理的过渡渐变,且防护等级较低等,如图1-3所示。上述问题使隧道入口位置存在较大安全隐患,一旦车辆发生事故,隧道入口处的隧道壁以及检修道则直接成为障碍物,事故车辆极易直接碰撞,对车辆及驾乘人员造成严重伤害,导致群死群伤的恶性事故。例如,2017年8月10日,一辆客车(核载51人,实载49人),从成都出发前往洛阳,当车辆沿京昆高速公路行驶至陕西安康境内秦岭一号隧道南口(K1164+930)处时,撞到隧道口外右侧山体护墙,导致车辆严重变形损毁,造成36人死亡,13人受伤,如图1-4所示;2016年6月3日,G55二广高速公路太(太原)长(长治)段太原方向1号隧道口,一辆大型客车碰撞隧道口发生事故,造成6人死亡,14人受伤,如图1-5所示;其他事故案例如图1-6所示为大型货车碰撞隧道入口处隧道壁,图1-7所示为大型客车碰撞隧道入口处隧道壁。

图1-3 隧道入口处护栏未进行合理过渡渐变且防护等级较低

图1-4 西安秦岭隧道口事故

图1-5 太原隧道口事故

图 1-6　大型货车碰撞隧道入口处隧道壁

图 1-7　大型客车碰撞隧道入口处隧道壁

(4) 隧道越长,事故数量越多,即事故集中发生在长隧道内。目前高速公路隧道内的交通安全防护主要采取主动防护措施,如设置交通标志、标线、警示标记等(图 1-8),无防撞护栏等被动防护措施。车辆一旦在隧道内失控,极易引发严重的连锁反应,衍生出一系列的其他事故。例如,2011 年 8 月 27 日,鄞州区宝瞻公路瞻岐隧道口发生一起连环交通事故,小汽车、轻型客车、工程车、货车等十多辆汽车横七竖八堵在瞻岐隧道内,事故导致 1 人死亡,4 人受伤,如图 1-9a)所示。2017 年 12 月 13 日,G72 泉南高速公路潮水隧道内发生一起交通事故,事故一度造成隧道内交通瘫痪,如图 1-9b)所示。2018 年 5 月 15 日 12 时 34 分,G1513 温丽高速公路丽水方向风门亭隧道发生一起碰撞事故,事故造成 1 人当场死亡,2 人受伤,2 车报废,如图 1-9c)所示。

图 1-8　隧道内交通安全防护目前主要采用标志、标线等主动防护措施

a) 事故案例一

b) 事故案例二

c) 事故案例三

图1-9　隧道内交通事故案例

目前隧道区域交通事故的防治已经成为刻不容缓的工作，特别是在长大隧道及隧道群区域，行车安全问题更加突出，是急需公路设计者和建设者解决的难题。

1.2　国内外相关技术及研究现状

高速公路隧道区域交通安全影响因素是多方面的，也是复杂的，取决于人、车、路、环境和管理等多个因素以及它们之间的复杂关系。随着现代社会汽车的大量普及，当前世界范围内的隧道交通事故发生率都居高不下，死伤人数和经济损失逐年增加。隧道交通安全问题也引起了国内外学者的广泛关注。经过几十年的努力，国内外研究人员在隧道区域行车安全影响因素、运行速度预测和安全风险评估，以及主动与被动安全防护等方面进行了不少的研究。这些研究对隧道交通安全起到了积极作用，为该领域的深入研究提供了有益的技术积累和思路。

1.2.1　隧道区域行车安全影响因素研究

德国波鸿鲁尔大学道路与交通研究所 Lemke 教授对德国46座单向行驶的高速公路隧道和22座双向行驶的干线公路隧道在1993—1997年间发生的共计784起事故进行了统计分

析。结果表明,无论是单向还是双向行驶的公路隧道,其事故率均低于普通路段的事故率;有硬路肩的隧道比无硬路肩隧道的事故率要低,但是无硬路肩隧道的事故率还是低于有硬路肩的公路;此外,双向公路隧道的事故率要高于单向公路隧道。世界道路协会(PIARC)的调查表明,单洞双向行驶隧道事故率比双洞双向分离行驶隧道事故高40%;不同地理位置的隧道事故率也不同,城市水底隧道事故率为1300次/(亿车·km),郊外隧道事故率为300~600次/(亿车·km),山区隧道事故率为900~1900次/(亿车·km);调查还发现,车辆事故率与隧道路面纵坡有关,纵坡大于2.5%的隧道车辆事故率是平坡隧道的5倍。

国内在行车安全影响因素方面的研究包括:

张生瑞等对京珠高速公路韶关段隧道群交通事故的统计资料进行了分析,提出了交通事故的时间分布、空间分布、事故形态和事故车辆组成特征。

姚朝钦对甘肃省高等级公路隧道的事故特征进行了分析,指出隧道入口段事故多及雨天事故多是其两大特点,并指出车辆在隧道路段超速行驶是事故发生的主要原因。

沈艾中等人对浙江省高速公路隧道事故的时间特征、车辆特征、天气特征、位置特征等进行了研究,发现刚下雨时是事故的高发时段,隧道入口是事故的多发位置,车辆超速行驶及隧道路面抗滑能力不足是发生事故的主要原因。

薛惠娟采用图解法分析了公路隧道的道路与环境特征、公路隧道交通事故的特点、交通事故的季节分布、机动车辆的碰撞方式及影响因素。

在隧道线形方面,由于在1988年之前,我国公路隧道基本上都是直线隧道,1988年发布的《公路工程技术标准》(JTJ 01—88)规定隧道内可以设置平曲线之后,山区高速公路中曲线隧道不断出现。在隧道的安全线形方面,规范均有相关要求,但一些地方仍没有明确规定,容易使人产生理解上的差异,例如《公路工程技术标准》(JTJ 01—88)对洞口线形规定为"隧道洞口内外侧不小于3s设计速度行程长度范围内的平纵线形应一致",但没有进一步说明"线形应一致"的含义。有文献要求隧道"平面线形不应有急骤的方向改变",但又没有解释什么情况属于"有急骤的方向改变"。对平面"线形一致"的理解,有些人认为是指直线或圆曲线;有些人认为是指距曲线要素点距离要满足3s行程要求;有些人认为是指要避免出现反向曲线,直线或圆曲线是理想线形。因此,交通行业内对技术标准中关于隧道洞口平面"线形应一致"规定的理解仍有分歧。但通过长期实践,对已建成隧道的交通安全情况进行统计分析并查证历年规范,一些学者对公路隧道的安全平纵线形做了更进一步的研究:林宣财从运行速度与交通安全关系的角度,提出了公路隧道洞口平面线形设计的几点建议;长安大学赵永平、杨少伟等人通过对汽车前照灯散射角、隧道标准断面以及驾驶员在隧道中驾驶规律的研究,并考虑汽车左转与右转行驶的不同特点,计算出不同设计速度下满足山区高速公路螺旋展线停车视距的圆曲线最小半径;李玉文从公路隧道运营通风、行车安全、隧道施工的角度,论证并阐述了隧道设计纵坡与前三者的关系,从技术可行、经济合理、实施可能的角度,提出了公路隧道的最大设计纵坡可控制在4%以内。

1.2.2　隧道区域运行速度预测与安全风险评估研究

1.2.2.1　运行速度预测

国外对车辆运行速度的预测研究起步较早,成熟的预测模型也有很多,但主要集中在道路的几何线形、交通流特征以及路况特征方面,对于隧道路段的运行速度预测研究较少,在前期资料收集工作中尚未发现。

我国2015年颁布的《公路项目安全性评价规范》(JTG B05—2015)在基于大量实测数据回归分析的基础上,提出运行速度的计算办法,并将运行速度概念贯穿到安全评价的全过程。这一运行速度预测方法是目前国内运用最广泛的运行速度预测模型,但并没有对隧道路段作出相应的规定,忽略了隧道对于运行速度的影响,仍将隧道路段作为普通路段处理。近年来,国内对隧道路段的运行速度研究日益增多,但还没有对车辆在隧道群区域的运行特性进行过专门研究。隧道路段运行速度预测的部分研究成果包括:

方靖等通过跟车试验,研究了不同长度隧道内驾驶员的行车规律和隧道路段的车速变化规律,提出了隧道路段运行速度研究点,通过研究点速度采集试验,确定了隧道路段运行速度特征点,建立了高速公路长大隧道特征点运行速度模型。

祝站东等以大量试验实测数据为依据,根据全路段的车速数据分析,得出了隧道路段驾驶员驾驶行为的一致规律,认为中短隧道对车速的影响较小,在路线设计安全性评价中可以作为普通路段对待,长大隧道对车速影响显著,进而确定了长大隧道路段运行速度特征点。通过对特征点的运行速度调查,利用统计回归方法,研究了长大隧道路段特征点之间的关系,并建立了各特征点运行速度模型。

孔令旗等通过对国内大量高速公路隧道调研分析,提出基于隧道修正的公路隧道运行速度预测模型;交通运输部公路科学研究院在"广西高等级公路设计速度与运行速度控制研究"研究项目中,建立了隧道路段的运行速度预测模型。

1.2.2.2　交通安全风险评估

目前国外学者开始研究实时交通流检测数据(包括车辆运行速度)与交通事故的关系,把事故风险较大的交通流状态和正常状态区分开,以达到"预报"事故的目的。例如,Lee等人在2002年研究引起事故的交通流特征,分析引起事故率变化的因素,建立了交通流特征和事故风险变化的概率模型。研究应用了加拿大多伦多Gardine高速公路上10km长路段上记录的事故数据以及路段上采集的交通流数据,分析发现车辆运行速度和交通量的变化值与事故率之间有显著的统计相关性。Lee等人在2003年改进了模型,在模型中加入了第三个参数,即路段之间速度差的均值。Lee等人还得出结论:任何设施比较完备的高速公路路段(包括隧道以及隧道群区域)都可以通过实时交通数据进行事故风险预测。在与驾驶员行车特性相关的隧道行车安全方面,荷兰应用科学研究组织(TNO)研究了驾驶员在隧道中行车的驾驶行为,认为隧道的特殊设计在很大程度上影响驾驶员的行为及主观安全感。隧道设计上的影响因素包括隧道的长度、类型、宽度,隧道路线曲线的数目、曲度以及波动情况,还有照明情况。同时,在隧道内产生的幽闭恐惧也会影响驾驶员的驾驶行为,表现在驾驶员在临近隧道时会感到紧张,集中注视隧道入口,降低车速,驾驶车辆远离隧道壁,所以在隧道口车辆经常出现横向移动。

目前国内对于隧道群区域的安全风险评估主要采用基于多层次指标体系的模糊综合评价方法,其基本原理及步骤包括:通过对隧道交通事故发生原因和影响因素的调研总结,得出影响隧道群交通运行安全的指标体系并建立基本的层次模型,采用模糊综合评价理论对隧道群区域安全风险进行半定量的评价。

模糊综合评价方法的优点是安全指标体系涉及路段线形、路面状况、洞内环境、交通设施等各方面,可以较全面地考虑到影响隧道群交通运行安全的各种因素;缺点是各项指标对隧道群区域运行安全影响的权重确定以及所评价隧道群区域的指标得分较多地依靠专家、驾驶员或管理人员的评判,受主观因素影响较大。

1.2.3 隧道区域主动与被动安全防护研究

1.2.3.1 主动安全防护研究

国外开展隧道区域主动安全防护研究工作较早。欧洲各国的隧道路面标线的颜色不尽相同,奥地利规定为红色和白色,德国和西班牙则规定为白色。在双向交通隧道标线一般同时采用振动标线或反光道钉。目前德国还在考虑掺入能适应隧道污染的反光材料。为控制车辆间距以减少追尾事故,在勃朗峰隧道(Mont Blanc)和 Frejus 隧道,每隔 150m 设置了蓝色灯,以提醒驾驶员保持 150m 的最小车辆间距,然而使用经验表明,驾驶员很难理解这一意图。在欧盟国家,不同等级隧道的交通控制设施,特别是隧道接近段的交通控制设施,其布设的数量不同。这是欧盟国家公路隧道交通控制设施布置的一个重要特点。德国、西班牙规定隧道内限速 80km/h;比利时对隧道内限速没有专门的规定,一般和隧道外路段一样,但也有例外;挪威隧道内限速和隧道外一样,但对交通量很大的隧道限速 70km/h。欧洲在货车交通比例较大的隧道,专门设置货车车道以平稳交通流,捷克隧道指南通过可变交通标志设置货车车道。奥地利建立了"路段控制"系统,该系统应用后事故数量明显减少。挪威的 TunSafe 系统在隧道进出口设置检测器和摄像机,记录隧道内的车辆种类、数量、牌照等,并在隧道路段使用自动测速照相机进行车速管理。瑞士在 St. Gotthard 公路隧道采用重载货车控制系统,每隔 20~60s 放行一辆重载货车,保证了重载货车之间的最小车距。Honey D. W. 分析了英国利物浦 Queensway 隧道入口的交通控制设施现状,并提出隧道入口交通采用计算机自动控制的办法,使隧道的通行能力提高了 5%。

国内隧道区域主动安全防护的部分研究成果包括:

叶飞等通过分析隧道的交通运营环境,提出应依据驾驶员的交通心理来布设隧道路段的标志标线,以防止在隧道内超速行驶。

同济大学马玉成通过对公路隧道的运营环境分析，从降低车速、提高路面抗滑性能等方面系统提出了公路隧道安全保障的工程对策。

杨轸等通过自行开发的三轴加速度仪，对某山区高速公路8条隧道的路面抗滑性能进行了测试，分析了不同路面结构和纵坡下隧道路面抗滑性能的变化规律，随后采用汽车动力学仿真技术对隧道路面附着系数下的隧道行车安全性进行分析，并结合国内外的路面铺装技术对隧道路面的结构设计提出合理的建议。

李玉龙等为解决隧道路面抗滑问题，采用薄层抗滑层技术，将其成功用于重庆通渝隧道实体工程，并取得了良好的效果。

屈言宾、赵永利通过现场隧道调研和查阅国内外相关资料，对公路隧道路面的使用安全性做了分析研究，分析了公路隧道路面在日常使用时以及特殊情况下的安全性和隧道路面的耐久性，并提出了解决问题的建议。

同济大学杨群等研究采用开级配抗滑磨耗层（OGFC）沥青混合料铺筑隧道路面，采用阻燃技术提高沥青混合料在发生火灾时的难燃性，同时提出OGFC的混合料设计方法；在此基础上，针对隧道路面的使用要求，研究了沥青混合料的渗透性、抗滑性、水稳性、降噪性和高温稳定性等性能。

我国包（头）茂（名）高速公路西安柞水段秦岭终南山隧道在距检修道0.8m处，采用发光二极管（LED）光源间距10m设置琥珀色诱导灯，间距40m设置疏散指示灯，在火灾状态下可指示人员安全快速远离现场，每120m设置一盏蓝色诱导灯，帮助驾驶员与前车之间保持安全距离。为了缓解驾驶员的焦虑情绪和压抑心理，秦岭终南山公路隧道按每5km的距离，设置了3个特殊灯光带。特殊灯光带由蓝色、红色和白色荧光灯管照明，分别组成朝霞、晚霞、蓝天、白云等图案，给人一种在两隧道间进入蓝天日出的山谷间的感觉。

台湾北宜高速公路雪山隧道特别增设全自动化照相执法系统。这套系统主要是由隧道两侧的照相机与上方的感应器所组成，每条单向车道平均分布3部照相机。该系统可有效对超速、龟速、未保持安全间距及任意变换车道等违规行为进行取缔，促使驾驶员在隧道内遵守正确的行车规定。

郑晋丽通过分析纵向通风方式的双管4车道和双管6车道隧道内交通工况种类、发生概率和持续时间，指出交通工况种类与车辆组成、车流密度、平均车速和各种交通事故（车辆抛锚、交通堵塞、火灾事故、车流密度、车队效应和恶劣气候等）有关。根据各种交通事故对流畅交通的影响，推算出不同交通工况的发生概率。

马玉成等针对隧道照明过渡，提出了进入隧道入口的安全运营车速及相应的车速控制措施及其他一些改善措施，为提高隧道的运营安全提供了理论和技术支持。

郑全等从整体出发，研究隧道出入口及周边路网的关系，调整周边道路功能，保证中环线主线和上中路隧道交通通畅；从局部入手，通过隧道入口设计、调整交通控制策略等，消除隧道与相接道路及周边道路的交通瓶颈，满足周边地区过江的需求，减少隧道交通对周边地区交通的冲击。

单永欣在研究隧道监控系统理论后,阐述了隧道交通诱导与控制系统的功能、组成和实现方式,给出了隧道交通异常情况下四种交通诱导与控制的策略,并以这些策略为理论基础,介绍了隧道交通诱导与控制的模式及四种隧道交通情况(正常、拥堵/堵塞、交通事故、火灾事故)下的交通控制方式,并通过视景仿真软件模拟了一个具有普遍性的公路隧道,初步实现了隧道交通视景仿真。

方勇等在高速公路隧道和前方路段上放置多处车辆检测计,并对每个划分的路段建立相应的行车模型,由检测计测得数据对各个路段的交通流进行动态仿真,再用它们的仿真结果预测将来任意时刻隧道内的车辆分布和行车动态,为前馈式通风的计算和控制提供依据。

在洞外亮度的测量方面,针对传统的隧道洞外亮度$L_{20}(S)$值确定方法耗时过长、工作量相对较大、结果误差较大、不适应工程应用等缺点,重庆交通科研设计院的屈志豪等根据隧道洞外亮度$L_{20}(S)$的定义和环境简图计算隧道洞外亮度的原理,结合京珠高速公路粤境北段和南段隧道群的工程实际,在国内首次提出了采用照度-亮度仪测试隧道洞口环境反光物的亮度,按照环境简图计算公式进行数据处理的一种洞外亮度测试的方法。同时,通过大量的测试和数据分析,为工程设计提供了具体的指导意见和基础数据。

涂耘、王小军等总结了由重庆交通科研设计院2005年承担的"福建公路隧道洞口段照明参数研究"课题中对洞外亮度$L_{20}(S)$研究的部分成果,研究发展出用数码相机测试洞外亮度的新方法。根据摄影理论和照相光度学,照相机能通过镜头将目标物成像在感光材料上,图像上每一点的密度与目标物相应点的曝光量存在一定关系。利用这一方法,在取得了成像时曝光量大小和摄像过程中所采用的光圈值、曝光时间等指标后,利用课题组研究得出的数码相机板感光特性曲线,可推算得到所拍物体某点的亮度。该方法提供了准确高效测试隧道洞外亮度值的方法和手段,使大规模快速测试隧道洞外亮度成为可能,为建立适应不同地区隧道洞外亮度参数表提供了有效途径。

在其他方面,同济大学的杜志刚对公路隧道进出口驾驶员的瞳孔变化进行了试验研究,在大量试验的基础上,建立了基于驾驶员瞳孔面积及面积变化速度的行车安全评价指标。北京交通大学的王梦恕等通过对人体视网膜适应机能的分析,认为降低隧道设计亮度,仍可满足识别隧道内危险障碍物的要求,建议降低亮度指标来节约照明费用。同济大学的马玉成等从隧道照明过渡的角度,结合视觉适应理论,提出了隧道入口的安全运营车速控制标准及相应的车速控制措施。

1.2.3.2 被动安全防护研究

在隧道区域交通事故中隧道入口的事故率最高,这引起了国内外研究者的广泛关注,目前针对隧道区域被动安全防护研究大多集中在对隧道入口的研究。

国外关于隧道入口处安全防护设施研究的报道甚少,在国外相关设计规范中也没有关于隧道入口处护栏设计的相关规定和要求。如图 1-10 所示，实际工程中对于隧道壁以及检修道的防护处理各不相同，总的来说，这些处理方法均不能满足同时对小型车辆和大中型车辆进行安全防护的要求，车辆在隧道入口处一旦失控，仍有直接与隧道壁和检修道发生正面碰撞而产生绊阻的危险。

图 1-10　国外隧道入口处的安全设施设置

为提升隧道入口处的安全防护，韩国曾在隧道入口处设置一种转动吸能式护栏（图 1-11），护栏与检修道侧面平齐，横向与隧道壁有一定距离。该设计对于检修道防护以及避免车辆直接与隧道壁碰撞是有利的，但车辆碰撞护栏后如果侧倾角度较大，则仍有可能与隧道壁剐蹭，从而影响车辆碰撞护栏后的行驶姿态。

我国高速公路隧道入口处一般采用以下处理方式：路侧护栏在隧道入口处断开，检修道前仅设置起警示性作用的标志标线或防撞桶，如图 1-12 所示。对 10t 大客车在 20°角、碰撞速度 80km/h 条件下碰撞隧道入口处护栏进行计算机仿真分析，仿真结果如图 1-13 所示，车辆碰撞隧道入口处护栏后，由于护栏动态变形量过大，导致车辆直接正面碰撞隧道壁和检修道，车辆损坏严重。可见这种处理方式仅能起到主动诱导功能，不具有被动防护作用，不仅不能对大型车辆起到防护，还有可能对小型车辆形成安全隐患（图 1-14）。

图 1-11 韩国采用的一种隧道入口处护栏设施

图 1-12 隧道入口安全防护常用处理方式

 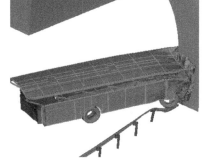

a) 车辆碰撞前　　　　　　　　b) 车辆碰撞后

图 1-13 车辆碰撞隧道入口护栏仿真分析结果

国内常吉高速公路采用在隧道检修道前设置防撞垫的方式[图 1-15a)],对小型车辆起到了良好防护作用,但对于大型车辆,其防撞能力明显不足,易使车辆直接冲出路侧正面碰撞隧道壁,同时由于普通防撞垫高度较低,且不具备合理的刚度过渡设计,大型车辆碰撞后易发生侧倾或侧翻，致使车辆侧倾部分与隧道壁发生碰撞，对车辆和驾乘人员造成极大伤害[图1-15b)]。

图1-14　小汽车碰撞隧道入口护栏事故

a)　　　　　　　　　　　　　　　b)

图1-15　常吉高速公路隧道入口处设置的防撞垫

为提升高速公路隧道入口处的安全防护水平，国内一些科研单位开展了相关研究。交通运输部公路科学研究院依托某高速公路隧道，设计出一种能够有利于减少失控车辆与隧道壁或检修道直接发生正面碰撞的隧道入口处混凝土护栏，护栏长度36m，高度由1m渐变至1.6m，采用改进型(F型)坡面，由于坡面倾斜角的缘故，在车辆碰撞过程中可能存在一定程度的外倾，增加车体碰撞隧道壁的风险；同时，针对长大下坡路段隧道入口处的钢护栏结构，通过计算机仿真方法分别对大型车辆和小型车辆与护栏的碰撞过程进行了分析研究，提出一种钢护栏结构形式，该结构形式将标准段护栏与隧道洞壁进行了过渡，由于钢结构为半刚性，在车辆碰撞过程中可能存在一定程度的横向变形，从而增加车体碰撞隧道壁的风险。湖南省交通规划勘察设计院在永顺至吉首高速公路隧道入口处安全设施设计中，隧道入口处护栏过渡段长度为30m，渐变率小于1∶20，护栏的防护等级采用SB级，将紧靠隧道入口处30m范围内的护栏立柱间距加密为1m，以加强护栏端部的防护能力，但防护等级偏低。此外，一些科研单位借鉴国外旋转式护栏研究成果，开发了一种用于隧道入口处安全防护的护栏结构(图 1-16),该结构防护能量≥280kJ,但是护栏高度仅 1m 左右,且高度上没有合理过渡,大型车辆失控易发生较大外倾,存在碰撞隧道壁的风险,其设置在隧道入口的功能作用具有一定局限性。

图 1-16 旋转式护栏在隧道入口应用

2018 年 1 月 1 日,《公路交通安全设施设计规范》(JTG D81—2017)(以下简称《设计规范》)和《公路交通安全设施设计细则》(JTG/T D81—2017)(以下简称《设计细则》)发布实施。其中《设计细则》对隧道入口护栏进行了规定:对于路侧使用波形梁护栏的情况,《设计细则》附录 C 中图 C.2.16a)给出隧道入口处护栏端部处理结构示例,如图 1-17a)所示;对于路侧使用混凝土护栏的情况,《设计细则》附录 C 中图 C.2.16b)也给出隧道入口处护栏端部处理结构示例,如图 1-17b)所示。这两种方式均采用混凝土结构,从安全性能来说较目前普遍的处理方式有了较大提高,护栏刚度大,车辆碰撞护栏的最大横向动态位移外延值(W)较小,车辆最大动态外倾当量值(VI_n)也较小,有利于避免车辆碰撞接近隧道位置护栏时与隧道壁或检修道产生绊阻,但《设计细则》对于隧道入口护栏具体如何设置,如护栏高度、基础等均没有给出具体要求。

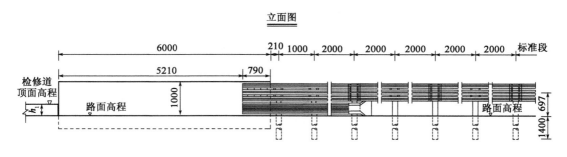

图 1-17

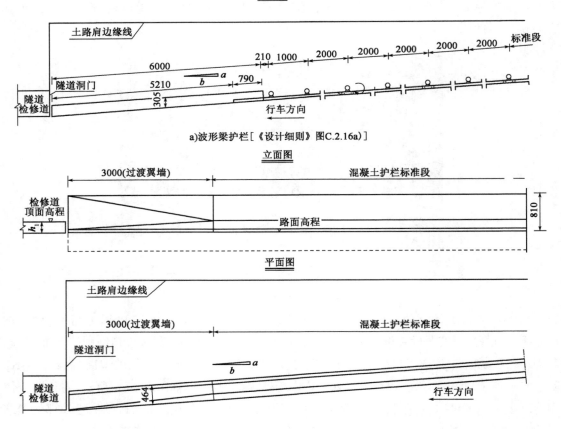

图1-17 隧道入口处护栏端部处理结构示例(《设计细则》图 C.2.16)(尺寸单位:mm)

1.3 隧道区域交通安全防护技术研究的意义

随着高速公路隧道里程不断增加,隧道区域的交通安全问题越来越显著,隧道路段集中了行车过程中会导致安全事故的大部分危险因素,由于隧道区域的行驶空间及光线等周围环境的突变,驾驶者所接收的信息以及处理这些信息并进行判断、分析的时间短,极易发生行车操作失误,引发交通事故。面对严峻的高速公路隧道区域交通安全形势,深入开展隧道区域交通安全防护技术研究,为事故车辆提供良好的安全防护,对有效降低事故概率和伤亡损失,提高隧道区域的行车安全,具有重要的实际意义和社会价值。

第 2 章 隧道交通环境与运营情况调研及安全影响因素分析

2.1 隧道区域交通环境调研

公路隧道的主体建筑物一般由洞身衬砌和洞门组成,图 2-1 所示为不同隧道的洞门形式,包含环框式、端墙式、柱式、翼墙式、遮光式、削竹式、台阶式等多种形式。通过对公路隧道区域的交通环境调研,了解其具有如下特点。

a)环框式洞门

b)端墙式洞门

c)柱式洞门

d)翼墙式洞门

图 2-1

e) 遮光式洞门

f) 削竹式洞门

g) 台阶式洞门

h) 其他洞门

图 2-1　不同隧道的洞门形式

1) 视觉特点

当驾驶员白天驾车从洞外驶入洞内时,由于内外亮度差别极大,从外部看洞口时呈现出 1 个黑洞的感觉[图 2-2a)],即所谓的"黑洞效应"。车辆在白天穿过较长的隧道接近出口时,由于隧道外亮度极高,出口看上去呈现 1 个白洞的感觉[图 2-2b)],即所谓的"白洞效应"。夜间则正好相反,出口呈黑洞效应。"黑洞效应"和"白洞效应"都会造成一段时间内人眼不易看清道路的线形与障碍物,使得驾驶员在接近或者离开隧道时不能有效识别道路信息,极易引起交通事故。调查结果表明,隧道出入口处的事故率是隧道区域中较高的,比隧道内的事故率还高出 1~2 倍。

a) "黑洞效应"

b) "白洞效应"

图 2-2　"黑洞效应"和"白洞效应"

2) 环境照度

照度用来表示被照面上光的强弱,以被照场所光通量的面积密度来表示。良好的隧道照明能增加隧道使用者的生理和心理安全感,如果照度太高,不仅不能节能,而且容易使驾驶员眼睛疲劳,严重危及行车安全;如果照度太低,加之车辆排出的废气受到汽车前照灯的照射形成散射现象,能见度将大幅降低。此外,由于灯光照明为点光源,其照射范围内总是内部较亮、外部较暗,多个点光源如果不能均匀布置,会使得行车时驾驶员不断经历明暗变化的过程(图2-3),容易让人疲倦,产生心理上的不适。需要强调的是,隧道入口段和过渡段照明对行车安全影响很大,在隧道照明设计时应引起足够的重视。

图2-3　隧道内明暗变化

3) 道路线形

道路线形是指道路在空间的几何形状和尺寸,它对高速公路隧道的交通安全影响很大。与相对平直的线形相比,复杂的平曲线设计更容易导致交通事故。受工程造价以及施工难度的限制,隧道横断面宽度一般小于路基段横断面宽度(图2-4),除了行车道外一般没有其他车道可供使用,在隧道内行驶,隧道壁往往给驾驶员以压迫和危险感,唯恐与之冲撞,行驶的车辆多向左偏离,无形中减少了车道的有效宽度,从而导致隧道中交通容量的降低,即所谓的"墙效应"。此外,在隧道内,由于隧道壁对视线的遮挡,驾驶员很难快速识别出平曲线走向。

图2-4　隧道路段横断面宽度收缩变化示例

4) 路面条件

在进出隧道的普通道路与其连接处,雨雪天气往往导致普通道路路面的摩擦系数发生显著变化,进出隧道的驾驶员因为时常忽略了这一点而发生事故,使得隧道干湿道路的连接处成为交通事故的高发地段;同时,隧道渗漏水也将会使路面的附着系数减少,由于隧道环境相对封闭,车辆排出的废气、油污和尘埃等沉积在路面上,长期得不到雨水冲洗和阳光曝晒,将会进一步降低路面的附着系数,影响行车安全。

5) 环境噪声

车辆在隧道内行驶时,轮胎与路面作用产生较大的噪声。由于隧道为封闭环境,噪声不易发散,经过路面和隧道壁多次反射后产生混响,各种噪声叠加形成的环境噪声非常大,导致行车舒适度显著下降,分散驾驶员的注意力,交通安全隐患随之增加。

6) 其他特点

对于山区高速公路隧道,除具备一般公路隧道的上述环境特点外,还有其特殊之处:山区自然环境条件较差,如雨雾多、天气变化频繁等,使得隧道内外环境差异更大,增加了驾驶员的驾驶难度;山岭地区地形地势险要、地质条件复杂,隧道内一旦发生交通事故、火灾等异常交通事件,应急救援行动往往得不到有效开展;山区高速公路一般线路较长、桥隧比例较高,形成独特的公路隧道群或"桥-隧-桥"及"隧-桥-隧"等建筑奇观,不利于公路隧道的运营管理。

2.2 隧道区域交通运营情况调研

选取两处典型高速公路隧道群区域作为调查路段,采用如表2-1所示的调查方法,获取高速公路隧道区域的车型构成情况、车辆运行速度数据、交通设施设置情况以及交通事故资料等,为隧道区域交通安全防护技术研究提供基础数据。

调查方法　　　　　　　　　　　　　　　　　表2-1

调查项	调查方法
车型构成情况调查	调查方法为对调查路段的交通量及车型构成进行现场调查,经统计后将比例最高的一类或几类车型作为主流车型
跟车测速	跟车测速应在交通流为自由流状态下进行。对每种目标车型各选择多辆进行跟车测速。在试验车辆与目标车辆保持固定间距、同步运动的情况下,通过记录试验车辆的实时速度获得目标车辆的速度。在第一处典型隧道群区域首次试调查时,通过读取车辆仪表盘的速度记录试验车辆的实时速度;在第二处典型隧道群区域进行调查时,采用精度更高的AM-2006S机动车道路试验数据处理系统记录试验车辆的实时速度、行驶距离和行驶时间。试验车辆内人员记录进出隧道的准确时刻,用于匹配和校对仪器记录的速度数据
地点测速	在第一处典型隧道群区域试调查时,对相关研究资料中提到的隧道路段速度变化特征点进行地点测速。地点测速采用雷达枪,且须在交通流为自由流状态下进行。地点测速的目标车型与跟车测速一致

续上表

调查项	调查方法
交通事故资料	调查方法为对路政部门、交通管理部门人员进行访谈、调取监控录像、抄录事故处理记录等
交通设施设置情况	调查方法为现场观测记录以及获取设计文件。现场观测记录内容包括路面情况、隧道出入口处护栏设置情况、标志和标线、防眩设施以及诱导设施等。通过设计文件获取以下资料:主要技术指标、各隧道长度及起讫桩号、隧道间距以及平纵横线形等

2.2.1 第一处典型隧道群区域调查

2.2.1.1 调查路段概况

调查路段全长 46.445km,设计速度 80km/h,双向六车道,路基宽度 32m。隧道群路段为 K713+000～K702+000。

调查路段隧道群区域的主要技术指标见表 2-2。

主要技术指标　　　表 2-2

序号	指标名称	单位	磁山至涉县段技术指标
1	路基宽度	m	32
2	设计速度	km/h	80
3	平曲线最小半径	m	750
4	不设超高的圆曲线最小半径	m	3350
5	最大纵坡	%	2.9
6	凸形竖曲线最小半径	m	12000
7	凹形竖曲线最小半径	m	10000

第一处典型隧道群路段由四个隧道组成,分别为石泊隧道、马鞍山隧道、井沟岭隧道和台坡隧道,四个隧道均为"邯郸至涉县"和"涉县至邯郸"方向分离独立双洞隧道,具体如下。

(1)邯郸至涉县方向。

①石泊隧道:K699+600～K700+205,长度为605m。

②马鞍山隧道:K702+000～K706+370,长度为4370m。

③井沟岭隧道:K706+985～K710+035,长度为3050m。

④台坡隧道:K711+452～K711+715,长度为263m。

其中:石泊隧道与马鞍山隧道之间距离为1795m,马鞍山隧道与井沟岭隧道之间距离为615m,井沟岭隧道与台坡隧道之间距离为1417m。

(2)涉县至邯郸方向。

①台坡隧道:K711+745～K711+475,长度为270m。

②井沟岭隧道:K710+060～K706+910,长度为3150m。

③马鞍山隧道:K706+360~K702+040,长度为4320m。
④石泊隧道:K700+310~K699+601,长度为709m。

其中:台坡隧道与井沟岭隧道之间距离为1415m,井沟岭隧道与马鞍山隧道之间距离为550m,马鞍山隧道与石泊隧道之间距离为1730m。

根据《公路工程技术标准》(JTG B01—2014),按长度将隧道分为四类(表2-3),则本次调查的四个隧道按长度可分为三类。

隧道分类 表2-3

隧道分类	特长隧道	长隧道	中隧道	短隧道
隧道长度 $L(m)$	$L>3000$	$3000 \geqslant L>1000$	$1000 \geqslant L>500$	$L \leqslant 500$

一是短隧道:台坡隧道;
二是中隧道:石泊隧道;
三是长隧道:井沟岭隧道、马鞍山隧道。

2.2.1.2 车型构成

通过对第一处典型隧道群区域路段主线收费站的交通量调查,得到该高速公路年平均日交通量及主要车型比例,见表2-4。可见该高速公路交通量较小,车辆一般均可以在自由流状态下行驶,大型货车占绝大多数比例。

第一处典型隧道群区域高速公路年平均日交通量及主要车型比例统计 表2-4

序号	车型	数量(辆)	所占比例(%)
1	小型客车	2911	29.71
2	大型客车	277	2.83
3	大型货车	6610	67.46
	总计	9798	100

第一处典型隧道群区域高速公路货车采用计重收费方式收费,对收费站获得的243辆货车数据进行整理,得到货车车型统计结果见表2-5。可知各类货车中以2轴和6轴货车为主要车型,6轴货车为货车的主流车型,其比例占货车总数近70%。

第一处典型隧道群区域高速公路货车车型比例一览表 表2-5

序号	车型	数量(辆)	所占比例(%)
1	2轴货车	54	22.22
2	3轴货车	7	2.88
3	4轴货车	7	2.88
4	5轴货车	6	2.47
5	6轴货车	169	69.55

2.2.1.3 跟车测速

在第一处典型隧道群区域试调查时,通过读取试验车辆仪表盘速度的方法进行跟车测速,跟车车型包括 3 辆 6 轴大型货车、2 辆大型客车和 2 辆小型客车,部分跟车测速结果如图 2-5 ~ 图 2-7 所示。图中横坐标是通过速度积分得出的车辆位移,目的是得出各速度值对应的车辆具体位置。根据对跟车测速数据的处理分析,可知由速度积分得到的隧道长度与隧道实际长度相比差别较大,而且不同跟车测速曲线积分所得的各隧道长度也有较大差别,该误差产生的主要原因是试验车辆仪表盘读取的速度精度不够。

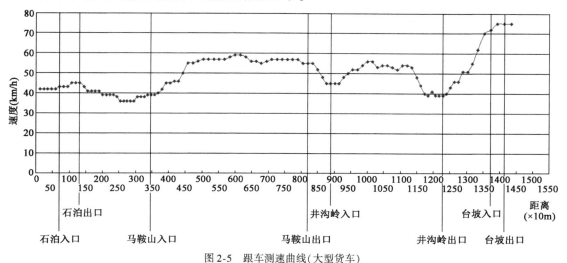

图 2-5 跟车测速曲线(大型货车)

注:3 月 1 日下午,跟随一辆车牌为晋 J5810 挂的六轴大型货车进行测速,车上载有大件铸铁管,行驶方向为邯郸至长治,隧道限速 60km/h

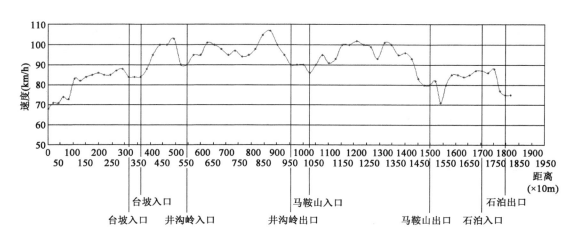

图 2-6 跟车测速曲线(大型客车)

注:3 月 2 日上午 9 时,天气小雨夹雪,路面有少量积雪,跟随某大型客车进行测速,行驶方向为涉县至邯郸方向,隧道限速 60km/h

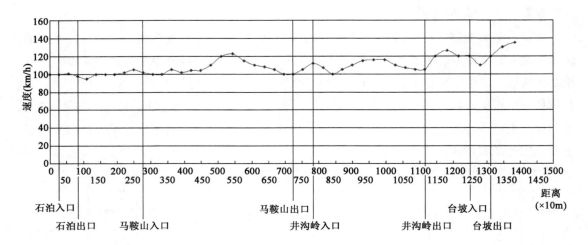

图 2-7　跟车测速曲线(小型客车)

注：3月2日上午11时20分，天气小雨夹雪，路面有少量积雪，视距不佳，跟随某小型客车进行测速，行驶方向为邯郸至涉县方向，隧道限速60km/h

2.2.1.4　交通设施设置情况

第一处典型隧道群区域路段交通设施设置情况如下：

（1）隧道入口护栏。

隧道入口护栏外侧形式为波形梁钢护栏，立柱间距2m，总长44m，有3个防撞桶在洞口右侧[图2-8a)]；内侧形式为波形梁钢护栏，立柱间距2m，总长16m[图2-8b)]。

a) 外侧隧道入口护栏　　　　　　　　b) 内侧隧道入口护栏

图 2-8　隧道入口护栏图

（2）标志。

隧道名称及长度的标志采用双柱形式[图2-9a)]，隧道前200m为单悬形式的隧道开大灯标志[图2-9b)]，隧道前180m为单悬形式的禁止超车标志[图2-9c)]。

a)隧道名称及长度标志　　　　b)隧道开大灯标志　　　　c)禁止超车标志

图2-9　隧道入口标志图

（3）标线。

内侧车道边缘线及2个车道分界线为普通热熔标线；外侧车道边缘线为振动标线，宽度为20cm[图2-10a)]；隧道口洞门两侧为立面标记[图2-10b)]；隧道口前150m车道分界线为实线[图2-10c)]。

a)隧道入口振动标线　　　　b)隧道入口立面标记　　　　c)隧道入口实线分界线

图2-10　隧道入口标线图

（4）视线诱导设施。

隧道外诱导设施为反光膜，粘贴于波形梁钢护栏立柱上，间距30m；长隧道内有源轮廓标附着于检修道侧壁上，间距10m，短隧道内反光轮廓标附着于检修道侧壁上，间距10m。

（5）机电设施。

隧道前200m为门架式可变情报板[图2-11a)]；隧道前170m为立柱式可变情报板及摄像机[图2-11b)]；隧道前150m为类似隧道广播的设备[图2-11c)]；隧道前100m为交通信号灯[图2-11d)]；隧道前布置6根照明路灯，间距30m[图2-11e)]；隧道前10m为路侧紧急电话[图2-11f)]。

（6）隧道出口处护栏。

马鞍山隧道行车道外侧为混凝土护栏，隧道出口与桥梁连接[图2-12a)]；行车道内侧无护栏[图2-12b)]。井沟岭隧道及台坡隧道出口处为波形梁钢护栏，波形板搭接到隧道侧壁上[图2-12c)]。台坡隧道出口处波形梁护栏[图2-12d)]：外侧长度14m，立柱间距2m；内侧长度16m，立柱间距2m。

a)门架式可变情报板

b)立柱式可变情报板及摄像机

c)类似隧道广播设备

d)交通信号灯

e)照明路灯

f)路侧紧急电话

图 2-11 隧道入口机电设施图

a)隧道出口与桥梁连接

b)行车道内侧无护栏

图 2-12

c)隧道出口波形板搭接到隧道壁上　　　　d)隧道出口处波形梁护栏

图 2-12　隧道出口护栏图

(7)隧道间护栏。

井沟岭隧道与台坡隧道间护栏为普通波形梁钢护栏。

(8)隧道群出口标志。

隧道群出口标志为解除禁止超车标志。

(9)隧道出口处防滑标线。

隧道出口处防滑标线满铺路面,洞内 20m,洞外 30m。

(10)隧道断面(单洞)。

隧道断面为:0.8m(检修道)+0.55m(水沟、路缘带)+3×3.75m(行车道)+0.6m(水沟、路缘带)+0.8m(检修道)=14m。

(11)标准路基横断面。

标准路基横断面为:[0.75m(土路肩)+2.55m(硬路肩)+3×3.75m(行车道)+0.75m(路缘带)+0.7m(中分带护栏1/2)]×2=33m。

(12)路面状况。

路面状况(图 2-13)为:混凝土路面有刻槽;洞口为红色防滑路面,宽度为满铺,长度为隧道洞口前20m、入洞口30m;无油污等。

图 2-13　隧道洞口路面状况

2.2.1.5　事故资料调查

通过对第一处典型隧道群区域高速公路路政部门及隧道管理站人员的访谈,获取了该高速公路两年的隧道群路段交通事故资料,汇总见表2-6。

第一处典型隧道群区域路段交通事故统计表　　　表 2-6

序号	事故位置	事故车型	事故过程简述
1	井沟岭隧道左幅 K707+825	小型客车	前车过慢,后车超速,两车于中间车道追尾后,前车撞上右隧道壁

续上表

序号	事故位置	事故车型	事故过程简述
2	井沟岭隧道右幅 K710+080	大型货车	疲劳驾驶导致车辆刮蹭隧道左边洞壁
3	马鞍山隧道右幅 K702+000	6轴大型货车	车辆自燃
4	马鞍山隧道左幅 K706+075	小型客车	养护施工封闭右侧2条车道,小型客车碰撞锥筒驶入封闭车道后急转方向,连撞两次左洞壁后横于左车道上
5	马鞍山隧道左幅 K704+125	小型客车	连撞3次左洞壁后于右车道停车
6	马鞍山隧道左幅 K705+775	小型客车	小型客车制动打滑失控,先撞左洞壁后撞右洞壁,横于中间车道
7	井沟岭隧道右幅 K707+880	中型货车	疑因疲劳驾驶,车辆撞右洞壁后停于右车道
8	井沟岭隧道右幅 K707+740	小型客车	小型客车超速,追尾前方小型货车后撞左洞壁,横停在右车道
9	马鞍山隧道左幅 K705+025	中型货车	向车外抛明火燃烧物,原因不详
10	井沟岭隧道左幅 K709+775	中型货车	货车自燃,停于右车道
11	井沟岭隧道右幅 K707+880	大型货车	掉落货物
12	马鞍山隧道左幅 K706+225	小型客车	养护施工封闭右侧2条车道,小型客车碰撞锥筒驶入封闭车道后急转方向,撞右洞壁后停于左车道上
13	马鞍山隧道右幅 K704+585	大型货车	大型货车驶上右侧检修道后停车

将隧道群路段交通事故绘制成交通事故分布图,如图2-14所示。由图2-14可以看出,隧道群路段交通事故均集中在两个特长隧道内,中短隧道无事故。在13起事故中,有7起事故发生在隧道进出口区域。

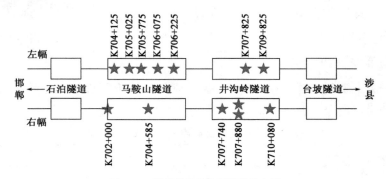

图2-14 隧道群路段交通事故分布图

2.2.1.6 地点测速

根据运行速度预测模型中的特征点位置,最终选择的隧道群测速点包括以下点位。

(1)长隧道。

长隧道包括马鞍山隧道(4320m)和井沟岭隧道(3150m),测速点包括入隧道前300m处、入隧道前100m处、隧道入口处、入隧道后100m处、入隧道后300m处、出隧道前200m处、出隧道前100m处、隧道出口处。

(2)中、短隧道。

中、短隧道包括台坡隧道(270m)和石泊隧道(709m),测速点包括隧道入口前100m处、隧道入口处、隧道中点处、隧道出口处。

(3)隧道间路段。

测速点为隧道间中点处。

根据地点测速结果,取小型客车和6轴大型货车两种主流车型,建立每个测速点的运行速度累计频率分布曲线图,计算第85%位车速v_{85},计算结果汇总见表2-7。

隧道群测速地点与测速结果(邯郸—涉县方向)　　　　表2-7

测速地点	小型客车 v_{85}(km/h)	6轴货车 v_{85}(km/h)
石泊隧道入口前100m	92	70
石泊隧道入口处	93	70
石泊隧道中点	100	50
石泊隧道出口	92	70
石泊隧道—马鞍山隧道	103	71
马鞍山隧道入口前300m	97	72
马鞍山隧道入口前100m	88	72
马鞍山隧道入口处	84	62
马鞍山隧道入口后100m	83	59
马鞍山隧道入口后300m	92	59
马鞍山隧道出口前200m	96	54
马鞍山隧道出口前100m	92	57
马鞍山隧道出口	97	67
马鞍山隧道—井沟岭隧道	103	71
井沟岭隧道入口前300m	102	73
井沟岭隧道入口前100m	95	74
井沟岭隧道入口	92	55
井沟岭隧道入口后100m	92	58
井沟岭隧道入口后300m	93	56
井沟岭隧道出口前200m	95	60

续上表

测速地点	小型客车 v_{85}(km/h)	6 轴货车 v_{85}(km/h)
井沟岭隧道出口前100m	90	57
井沟岭隧道出口	102	67
台坡隧道入口前500m	115	69
台坡隧道入口前100m	104	82
台坡隧道入口	92	65
台坡隧道中间	109	67
台坡隧道出口	105	77

2.2.2 第二处典型隧道群区域调查

2.2.2.1 调查路段概况

调查路段全长117km,设计速度为80km/h,整体式路基宽度为24.5m,分离式路基宽度为12.5m。隧道群路段各隧道桩号、长度及间距见表2-8。

调查路段隧道设置情况　　　　　　表2-8

\multicolumn{5}{c	}{K97+880～K105+831}	\multicolumn{5}{c}{K105+751～K98+093}
隧道名称	长度(m)	端点	桩号	间距(m)	隧道名称	长度(m)	端点	桩号	间距(m)
后眷隧道	1410	入口	K97+880		南清隧道	955	入口	K105+751	
		出口	K99+290	602			出口	K104+796	2950
斗米一号隧道	168	入口	K99+892		斗米四号隧道	518	入口	K101+846	
		出口	K100+060	50			出口	K101+328	418
斗米二号隧道	280	入口	K100+110		斗米三号隧道	280	入口	K100+910	
		出口	K100+390	240			出口	K100+630	246
斗米三号隧道	280	入口	K100+630		斗米二号隧道	274	入口	K100+384	
		出口	K100+910	385			出口	K100+110	62
斗米四号隧道	541	入口	K101+295		斗米一号隧道	158	入口	K100+048	
		出口	K101+836	3200			出口	K99+890	640
南清隧道	795	入口	K105+036		后眷隧道	1157	入口	K99+250	
		出口	K105+831				出口	K98+093	

根据《公路工程技术标准》(JTG B01—2014),本次调查的六个隧道按长度可分为三类。

一是短隧道:斗米一号隧道、斗米二号隧道、斗米三号隧道。

二是中隧道:南清隧道、斗米四号隧道。

三是长隧道:后眷隧道。

隧道群路段平纵线形分别见表2-9和表2-10,最小平曲线半径1000m,最大纵坡3.8%。

调查路段平面线形指标　　　　　　　　　　　表 2-9

K96+361～K103+292			K103+292～K96+265		
平曲线半径(m)	起点桩号	终点桩号	平曲线半径(m)	起点桩号	终点桩号
1639	K96+361	K97+273	2000	K96+265	K97+846
4000	K97+273	K98+593	2500	K99+107	K99+888
1400	K99+183	K99+975	1100	K100+353	K101+151
1100	K100+353	K101+151	1000	K101+151	K101+744
1000	K101+151	K101+744	1000	K102+559	K103+292
1000	K102+559	K103+292	—	—	—

调查路段纵断面线形指标　　　　　　　　　　表 2-10

K96+201～K102+303				K102+303～K96+201			
变坡点桩号	坡长(m)	坡度(%)	坡度(%)	变坡点桩号	坡长(m)	坡度(%)	坡度(%)
K96+201	—	—	—	K96+201	—	—	—
K96+923	722	1	—	K96+923	722	1	—
K97+903	980	3	—	K97+903	980	3	—
K99+533	1630	0.49	—	K99+533	1630	0.49	—
K100+603	1070	3.8	—	K100+603	1070	3.8	—
K102+303	1700	—	-0.5	K102+303	1700	—	-0.5

2.2.2.2 交通量及车型组成调查

对隧道群路段的交通量以及车型比例进行实地调查，车型组成通过工作人员观测记录得到，12h 连续交通量见表 2-11。

第二处典型隧道群区域路段 12h 连续交通量及车型组成调查表　　表 2-11

车辆类型	客车			
	小型客车(≤7座)	中型客车(8～19座)	大型客车(20～39座)	超大型客车(≥40座)
交通量	1398	54	105	72
车辆比例	46.14%	1.78%	3.47%	2.38%

车辆类型	货车									
	≤2.5t	2.5～14t	>14t	整车	整车	牵引挂车	整车	牵引挂车	牵引挂车	水泥罐车	油罐车
轴数	2轴			3轴	4轴		5轴		6轴		
交通量	87	354	123	243	222	36	6	51	129	135	15
车辆比例	2.87%	11.68%	4.06%	8.02%	7.33%	1.19%	0.20%	1.68%	4.24%	4.4%	0.50%

2.2.2.3 跟车测速

根据对第一处典型隧道群区域高速公路调查情况的总结,发现通过仪表盘读取的车辆速度精度不够,因此在第二处典型隧道群区域高速公路调查中跟车测速采用专门购置的机动车道路试验数据处理系统 AM-2006S 进行,AM-2006S 采集探头及试验车见图 2-15。该系统选用笔记本电脑为核心部件,配以相应的数据采集器以及各种传感器[非接触光电速度传感器或全球定位系统(GPS)速度传感器、油耗传感器等],可进行汽车速度、加速特性、滑行、制动、油耗等性能试验,具有数据存储、数据处理、数据查询及打印测试结果和曲线的功能。其主要技术参数:速度量程为 <250km/h,精度为 ±0.5%,分辨率为 0.1km/h,采样频率为 5 次/s。

图 2-15　AM-2006S 采集探头及试验车

在第二处典型隧道群区域路段共计对各类车型 64 辆车进行了跟车测速,统计结果见表 2-12。

跟车测速调查数据统计　　　　　　　　表 2-12

方向	车型	数据编号				合计(辆)
K105+751~ K98+093	大型货车	6轴1024-2	6轴1025-18	5轴1024-4	5轴1026-1	12
		4轴1026-3	4轴1026-5	6轴1031-2	2轴1031-4	
		3轴1031-6	3轴1029-9	3轴1026-11	5轴1029-9	
	大型客车	1028-1	1028-3	1028-5	1028-7	10
		1028-9	1028-11	1028-13	1029-1	
		1029-3	1029-5			
	小型客车	1023-5	1025-1	1025-3	1025-5	10
		1025-7	1025-9	1025-11	1125-14	
		1025-16	1023-8			
K97+880~ K105+831	大型货车	6轴1025-17	4轴1025-19	2轴1026-4	3轴1026-4	16
		2轴1026-6	6轴1031-1	3轴1031-3	4轴1031-5	
		4轴1031-7	5轴1026-10	5轴1026-12	3轴1029-10	
		2轴1029-12	3轴1023-2	6轴1024-3	4轴1024-5	
	大型客车	1028-2	1208-4	1028-10	1028-14	9
		1028-16	1029-6	1029-8	1026-8	
	小型客车	1028-8				7
		1023-4	1023-6	1023-9	1025-2	
		1025-4	1025-8	1025-13		

根据跟车测速数据绘制的各种车型的速度-距离变化曲线如图 2-16~图 2-21 所示,同一车型在该区间的速度-距离变化趋势较为一致,呈现一定规律性。同时,大型货车 2~6 轴车辆速度-距离变化呈现相同的趋势,可归为一类车型进行分析。

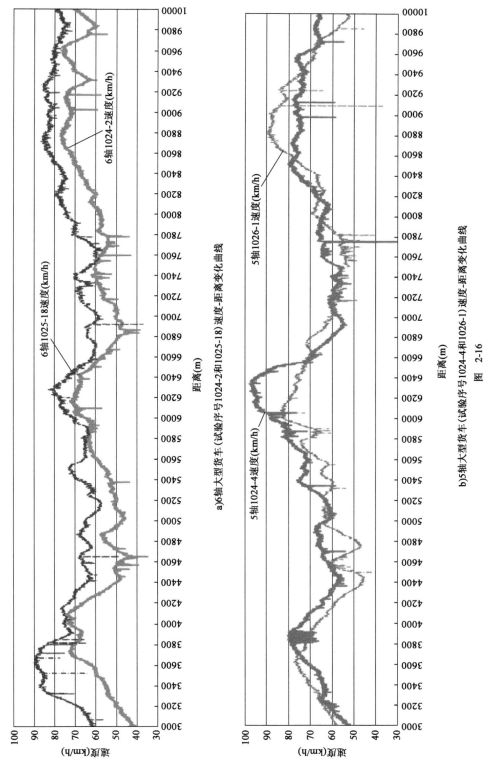

a) 6轴大型货车(试验序号1024-2和1025-18)速度-距离变化曲线

b) 5轴大型货车(试验序号1024-4和1026-1)速度-距离变化曲线

图 2-16

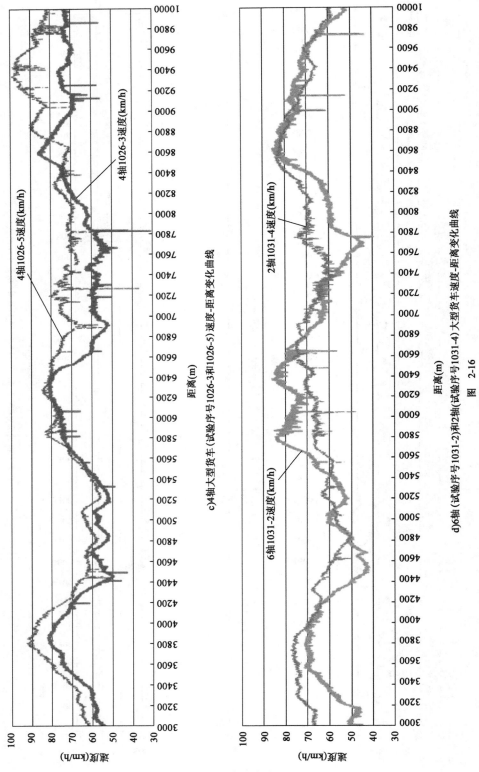

c) 4轴大型货车(试验序号1026-3和1026-5)速度-距离变化曲线

d) 6轴(试验序号1031-2)和2轴(试验序号1031-4)大型货车速度-距离变化曲线

图 2-16

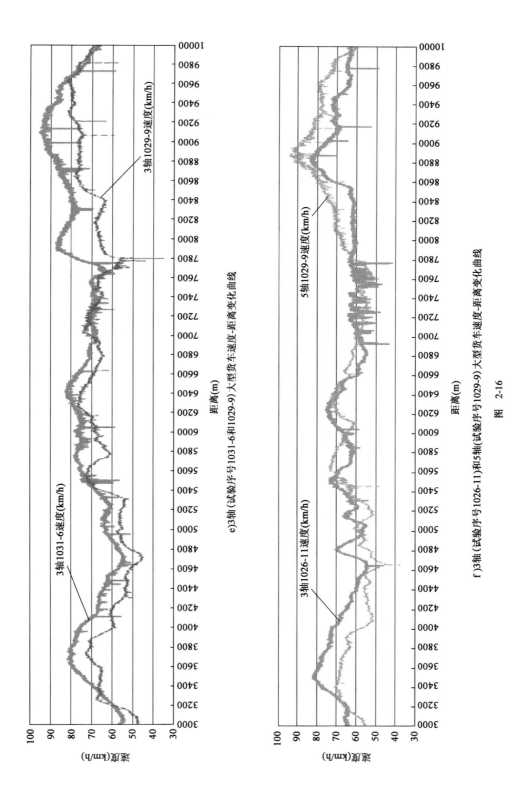

图 2-16

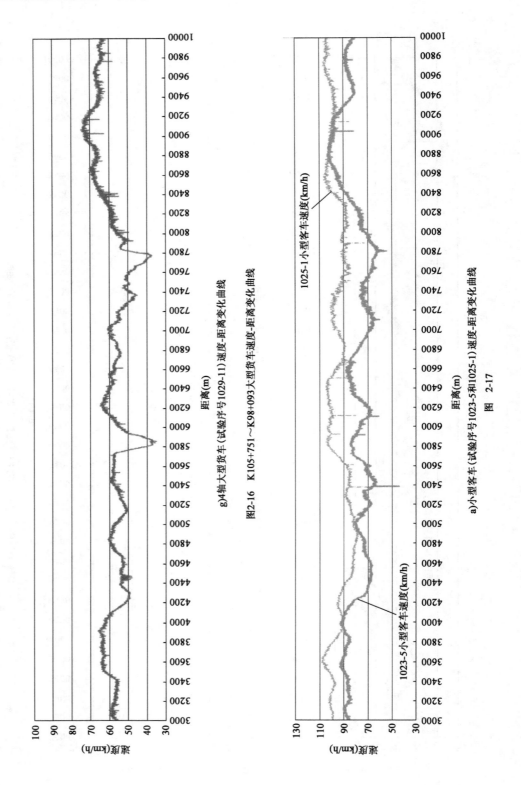

g) 4轴大型货车(试验序号1029-11)速度-距离变化曲线

图2-16 K105+751~K98+093大型货车速度-距离变化曲线

a) 小型客车(试验序号1023-5和1025-1)速度-距离变化曲线

图 2-17

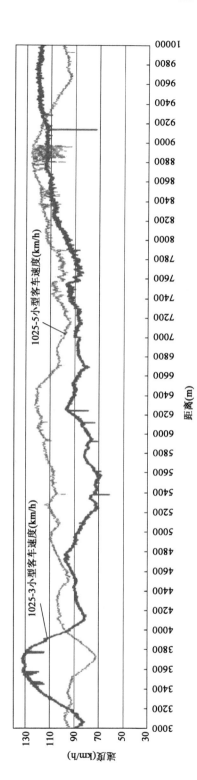

b) 小型客车（试验序号1025-3和1025-5）速度-距离变化曲线

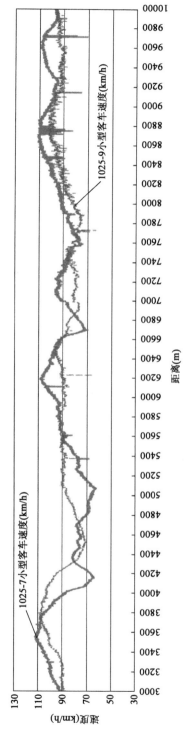

c) 小型客车（试验序号1025-7和1025-9）速度-距离变化曲线

图 2-17

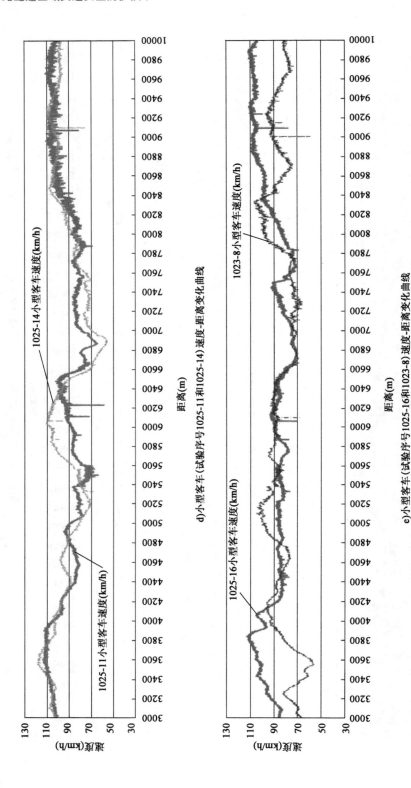

d) 小型客车（试验序号1025-11和1025-14）速度-距离变化曲线

e) 小型客车（试验序号1025-16和1023-8）速度-距离变化曲线

图2-17　K105+751～K98+093小型客车速度-距离变化曲线

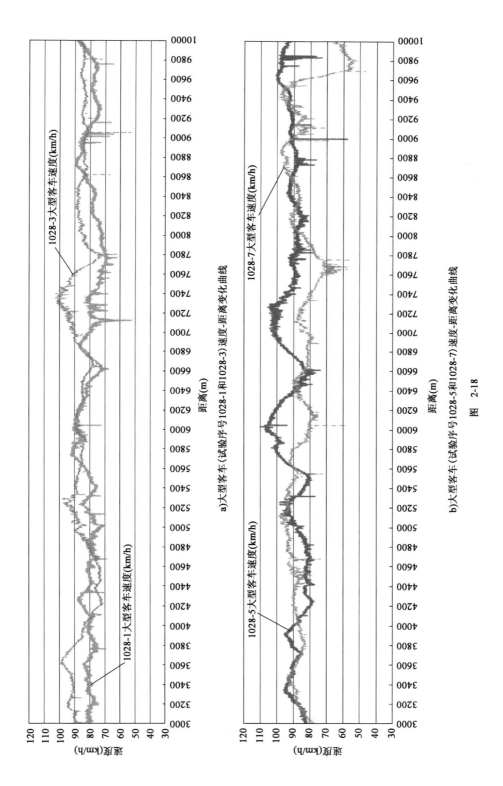

图 2-18

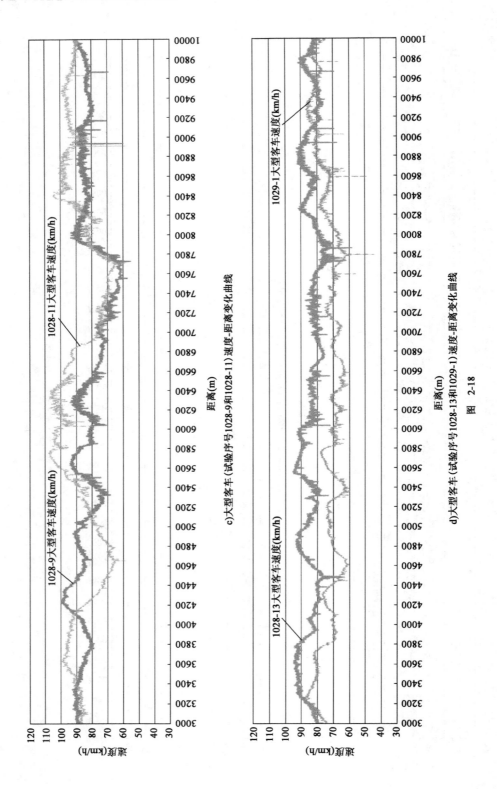

c) 大型客车（试验序号1028-9和1028-11）速度-距离变化曲线

d) 大型客车（试验序号1028-13和1029-1）速度-距离变化曲线

图 2-18

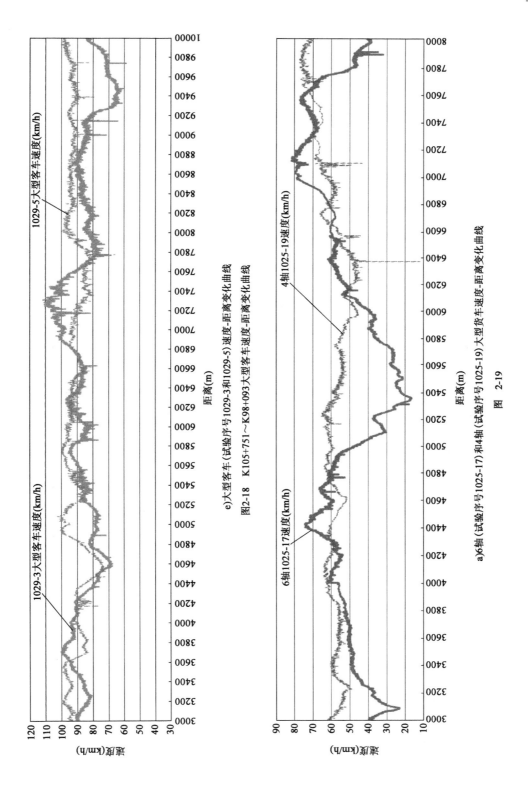

图 2-19

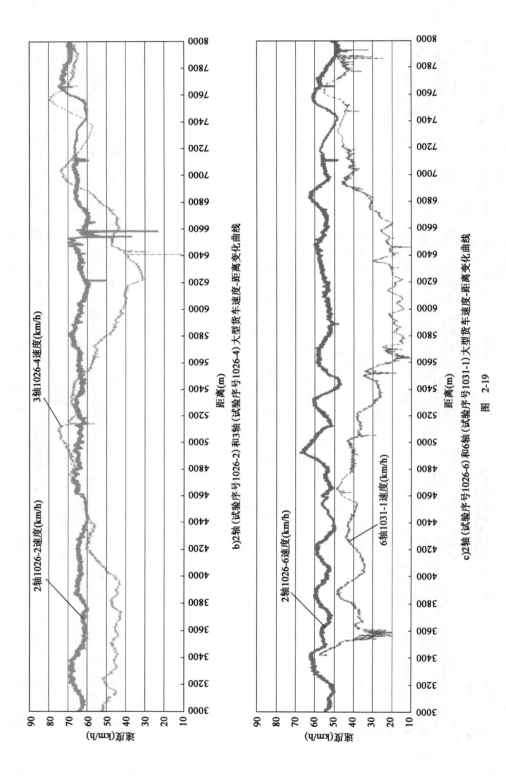

图 2-19

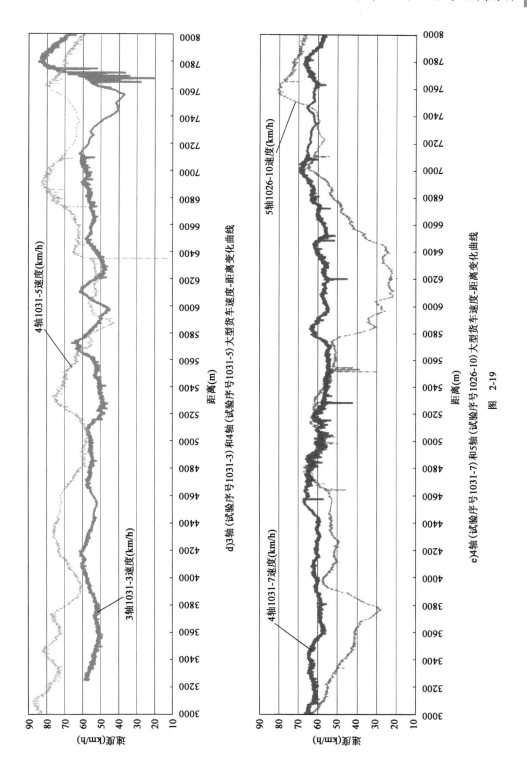

图 2-19

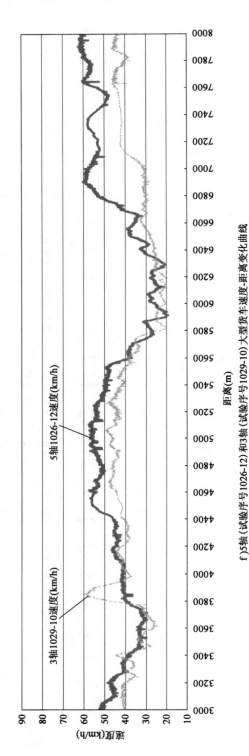
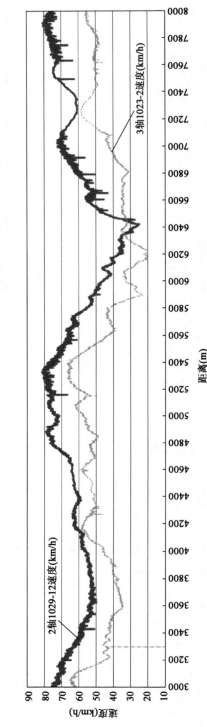

f) 5轴(试验序号1026-12)和3轴(试验序号1029-10)大型货车速度-距离变化曲线

g) 2轴(试验序号1029-12)和3轴(试验序号1023-2)大型货车速度-距离变化曲线

图 2-19

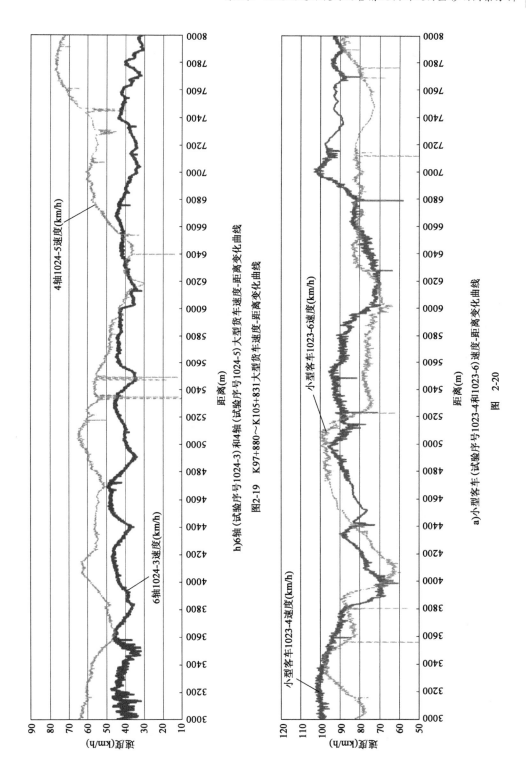

a) 小型客车（试验序号1023-4和1023-6）速度-距离变化曲线

图 2-20

h) 6轴（试验序号1024-3）和4轴（试验序号1024-5）大型货车速度-距离变化曲线

图2-19 K97+880～K105+831大型货车速度-距离变化曲线

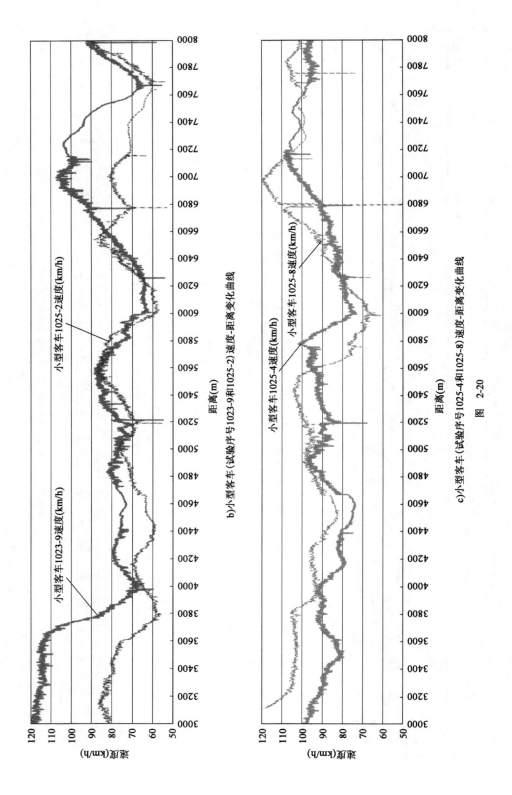

b) 小型客车 (试验序号1023-9和1025-2) 速度-距离变化曲线

c) 小型客车 (试验序号1025-4和1025-8) 速度-距离变化曲线

图 2-20

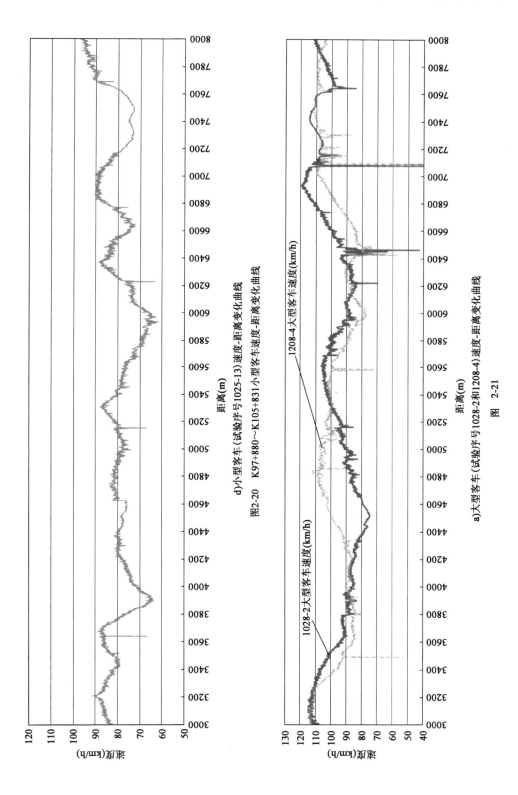

d) 小型客车（试验序号1025-13）速度-距离变化曲线

图2-20 K97+880～K105+831小型客车速度-距离变化曲线

a) 大型客车（试验序号1028-2和1208-4）速度-距离变化曲线

图 2-21

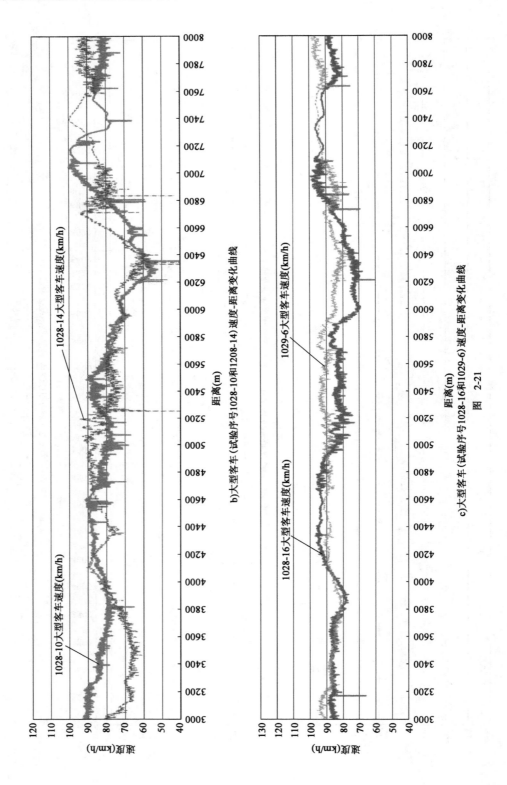

b) 大型客车 (试验序号1028-10和1208-14) 速度-距离变化曲线

c) 大型客车 (试验序号1028-16和1029-6) 速度-距离变化曲线

图 2-21

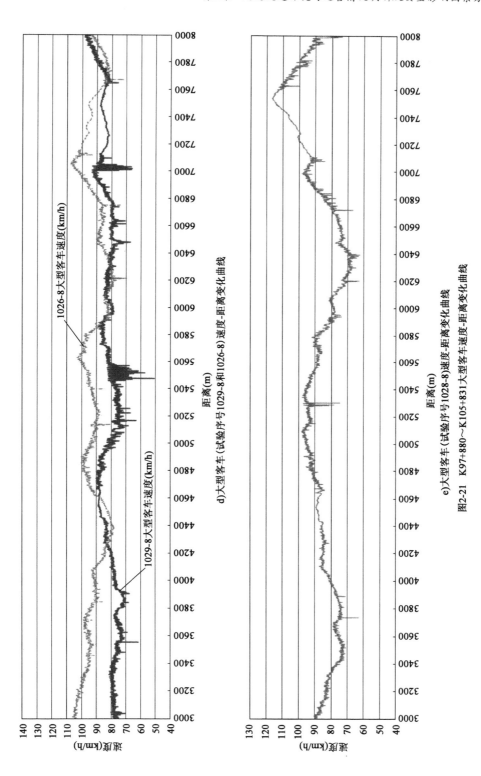

d) 大型客车（试验序号1029-8和1026-8）速度-距离变化曲线

e) 大型客车（试验序号1028-8）速度-距离变化曲线

图2-21　K97+880～K105+831大型客车速度-距离变化曲线

为便于分析,将同一车型各样本的车辆速度进行平均后得到平均速度-距离变化曲线(图2-22、图2-23)。由于车辆类型和动力性能不同,各车型的速度值有较大差异,但将不同车型的平均速度-距离变化曲线进行比较可以看出,变化趋势十分一致,说明隧道位置对于驾驶员的驾驶行为有显著影响,并不因车型的不同而不同。

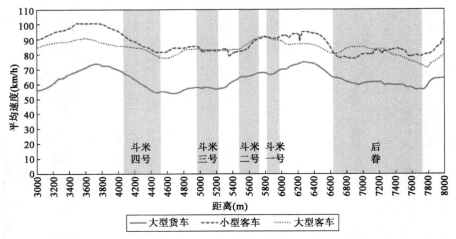

图2-22　K105+751~K98+093各车型平均速度-距离变化曲线图

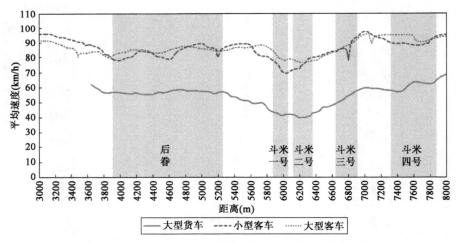

图2-23　K97+880~K105+831各车型平均速度-距离变化曲线图

2.2.2.4　交通设施设置情况

第二处典型隧道群区域路段交通设施设置情况如下。

（1）K105+751~K98+093:斗米四号隧道入口、出口交通设施设置分别如图2-24、图2-25所示,入口桩号K101+846,出口桩号K101+328。

（2）K105+751~K98+093:斗米三号隧道入口、出口交通设施设置分别如图2-26、图2-27所示,入口桩号K100+910,出口桩号K100+630。

a)隧道进口前100m处，行车道分界线为实线　　b)K101+965可变情报板

c)K101+935隧道名称标志　　d)K101+900禁止超车和限速标志　　e)隧道入口前方路侧波形梁护栏

图 2-24　斗米四号隧道入口交通设施设置情况

a)隧道入口处安全防护设施(外侧)　　b)隧道入口前方路侧波形梁护栏　　c)隧道入口处安全防护设施(外侧)

d)隧道出口处护栏设置(内侧)　　e)隧道出口后50m内行车道分界线为实线　　f)隧道出口后50m处，解除禁止超车标志

图 2-25　斗米四号隧道出口交通设施设置情况

a)K101+000隧道名称标志　　b)K100+950禁令标志　　c)进口前50m行车道分界线为实线

图 2-26

d)进口前10m处彩色防滑路面

e)隧道入口处安全防护设施(外侧)

f)隧道入口处安全防护设施(内侧)

g)隧道入口处路侧环境条件(外侧)

图 2-26　斗米三号隧道入口交通设施设置情况

a)彩色防滑路面铺至隧道出口后10m

b)出口处护栏设置(外侧)

c)出口处护栏设置(内侧)

d)出口50m内行车道分界线为实线

图 2-27　斗米三号隧道出口交通设施设置情况

(3) K105+751~K98+093：斗米二号隧道交通设施设置如图 2-28 所示，入口桩号 K100+384，出口桩号 K100+110。

(4) K105+751~K98+093：斗米一号隧道交通设施设置如图 2-29 所示，入口桩号 K100+048，出口桩号 K99+890，隧道内至隧道出口外 10m 满铺振动标线，标线宽度 50cm，间距 50cm[图 2-29b)]；斗米二号隧道入口前 50m 至斗米二号隧道，以及斗米一号隧道至斗米一号隧道出口外 50m，行车道分界线为实线[图 2-29c)]。

图 2-28 斗米二号隧道交通设施设置情况

图 2-29 斗米一号隧道交通设施设置情况

(5) K105+751～K98+093：后眷隧道入口、出口交通设施设置分别如图 2-30、图 2-31 所示，入口桩号 K99+250，出口桩号 K98+093，第 1～7 根护栏立柱通过肋板加强[图 2-30f)]。

(6) K97+880～K105+831：后眷隧道交通设施设置如图 2-32 所示，入口桩号 K97+880，出口桩号 K99+290。

(7) K97+880～K105+831：斗米一号隧道交通设施设置如图 2-33 所示，入口桩号 K99+892，出口桩号 K100+060。

a)K99+600可变情报板

b)K99+464交通信号灯

c)K99+380隧道名称标

d)K99+300禁令标志

e)K99+270监控设施

f)隧道入口处安全防护设施(外侧)

图 2-30 后眷隧道入口交通设施设置情况

a)隧道出口处护栏设施

b)K98+050解除禁止超车标志

c)K97+950监控设施

图 2-31 后眷隧道出口交通设施设置情况

a)K97+780隧道名称标志

b)K97+830禁令标志

图 2-32 后眷隧道交通设施设置情况

(8)K97+880~K105+831:斗米二号隧道交通设施设置如图 2-34 所示,入口桩号 K100+110,出口桩号 K100+390。

(9)K97+880~K105+831:斗米三号隧道入口、出口交通设施设置分别如图 2-35、图 2-36 所示,入口桩号 K100+630,出口桩号 K100+910。

a)K99+800隧道名称标志　　　　b)K99+850禁令标志　　　　c)隧道入口处安全防护设施

图 2-33　斗米一号隧道交通设施设置情况

a)K100+090隧道名称标志　　　　b)斗米二号隧道和斗米一号隧道之间的行车道分界线为实线

图 2-34　斗米二号隧道交通设施设置图

a)K100+560隧道名称标志　　　　b)隧道入口处安全防护设施　　　　c)进口前50m行车道分界线为实线

图 2-35　斗米三号隧道入口交通设施设置情况

a)出口处护栏　　　　b)K100+950解除禁止超车标志

图 2-36　斗米三号隧道出口交通设施设置情况

（10）K97+880~K105+831：斗米四号隧道入口、出口交通设施设置分别如图2-37、图2-38所示，入口桩号 K101+295，出口桩号 K101+836。隧道入口前护栏设置情况：混凝土护栏—单层波形梁护栏—双层波形梁护栏—单层波形梁护栏。

a) K101+200隧道名称标志　　　b) K101+250禁令标志　　　c) 隧道入口前护栏

图 2-37　斗米四号隧道入口交通设施设置情况

a) 隧道出口处护栏　　　　　　b) K101+900解除禁止超车标志

图 2-38　斗米四号隧道出口交通设施设置情况

2.2.2.5　事故资料调查

本书作者从路政部门收集了近两年调查路段发生的事故统计表，见表2-13和表2-14。

K97+880~K105+831 隧道事故统计表　　　　表2-13

序号	事故地点	天气	车型	事故形态	轻伤	重伤	死亡
1	A道 K96+400	雨	小型客车	冲撞护栏	0	0	0
2	A道 K100+400	雨	货车	追尾	0	0	0
			货车		0	0	0
3	A道 K96+750	雨	小型客车	冲撞护栏	0	0	0
4	A道 K95+350	晴	半挂车	其他	1	0	0
5	A道 K102+900	晴	半挂车	追尾	0	0	0
			半挂车		0	0	0
6	A道 K98+900	晴	半挂车	其他	0	0	0
7	A道 K98+900	晴	货车	其他	0	0	0
8	A道 K99+900	晴	客车	追尾	10	7	1
			货车				

续上表

序号	事故地点	天气	车型	事故形态	轻伤	重伤	死亡
9	A 道 K97+380	晴	小型客车	冲撞护栏	0	0	0
10	A 道 K101+300	晴	小型客车	其他	0	0	0
11	A 道 K99+950	晴	货车	其他	1	0	0
12	A 道 K96+300	雨	小型客车	冲撞护栏	0	0	0
13	A 道 K100+600	晴	货车	追尾	0	0	0
			货车		0	0	0
14	斗米四号隧道口	晴	小型客车	其他	0	0	0
15	A 道 K98+800	晴	小型客车	车辆着火	0	0	0
16	A 道 K100+000	晴	小型客车	追尾	0	0	0
			小型客车		0	0	0
17	A 道 K100+100	晴	货车	其他	0	0	0
18	A 道 K102+600	晴	货车	追尾	0	0	0
			货车		0	0	0
19	A 道 K102+000	雨	小型货车	行驶翻车	0	0	0
20	A 道 K96+300	晴	小型客车	冲撞护栏	0	0	0
21	A 道 K97+000	晴	小型客车	其他	0	1	0
22	A 道 K100+300	晴	货车	行驶翻车	0	3	0

注：表中 A 道指隧道右幅(右线)。

K105+751~K98+093 隧道事故统计表　　表 2-14

序号	事故地点	天气	车型	事故类型	轻伤	重伤	死亡
1	B 道 K100+100	晴	货车	追尾	1	0	1
			货车		0	0	0
2	B 道 K101+500	雨	货车	其他	0	0	0
3	B 道 K101+500	晴	货车	其他	3	0	0
4	B 道 K99+850	晴	货车	冲撞护栏	0	0	0
5	B 道 K100+200	晴	货车	侧翻	1	0	1
6	B 道 K99+200	晴	货车	其他	0	0	0
7	B 道 K99+800	晴	货车	冲撞护栏	0	0	0
8	B 道 K99+850	晴	货车	行驶翻车	0	0	0
9	B 道 K99+250	雨	货车	追尾	0	0	0
			货车	追尾	0	0	0
10	B 道 K101+500	雨	货车	其他	0	0	0
11	B 道 K101+600	晴	货车	其他	0	0	0
12	B 道 K99+990	雨	货车	其他	0	0	0
13	B 道 K99+850	晴	货车	行驶翻车	0	0	0

续上表

序号	事故地点	天气	车型	事故形态	轻伤	重伤	死亡
14	B道 K100+050	雨	货车	行驶翻车	0	0	0
15	B道 K100+100	雨	货车	冲撞护栏	0	0	0
16	B道 K99+000	雨	货车	其他	0	0	0
17	B道 K99+900	雨	货车	冲撞隧道壁	0	0	0
18	B道 K96+980	雨	小型客车	冲撞护栏	0	0	0
19	B道 K96+300	雨	小型客车	冲撞护栏	0	0	0
20	B道 K99+980	雨	货车	其他	0	0	0
21	B道 K102+100	晴	货车	行驶翻车	0	0	0
22	B道 K101+520	晴	货车	其他	0	0	0
23	B道 K99+800	晴	货车	行驶翻车	0	0	0
24	B道 K100+100	晴	货车	行驶翻车	0	0	0
25	B道 K100+450	晴	货车	其他	0	0	0
26	B道 K99+950	晴	货车	其他	0	0	0
27	B道 K100+050	晴	货车	其他	0	0	0
28	B道 K96+300	晴	货车	冲撞护栏	0	1	0
29	B道 K99+700	晴	货车	其他	0	0	0
30	B道 K96+100	雨	小型客车	冲撞护栏	0	0	0
31	B道 K100+450	晴	货车	车辆着火	0	0	0
32	B道 K98+450	晴	货车	其他	0	0	0
33	B道 K101+300	晴	货车	车辆着火	0	0	0
34	B道 K97+350	晴	货车	冲撞护栏	0	0	0
35	B道 K100+800	晴	货车	车辆着火	0	0	0
36	B道 K99+700	晴	货车	行驶翻车	0	0	0
37	B道 K101+500	晴	货车	其他	0	0	0
38	B道 K99+000	晴	货车	车辆着火	0	0	0
39	B道 K101+500	晴	小型客车	其他	0	0	0
40	B道 K96+850	晴	货车	冲撞护栏	0	0	0
41	B道 K101+400	晴	货车	追尾	0	0	0
42	B道 K102+600	晴	货车	冲撞护栏	0	0	0
43	B道 K97+200	晴	货车	冲撞护栏	0	0	0
44	B道 K97+000	雨	货车	车辆着火	0	0	0
45	B道 K99+100	晴	货车	其他	0	0	0
46	B道 K98+250	晴	牵引车	其他	0	0	0
47	B道 K101+300	晴	货车	冲撞护栏	0	0	0
48	B道 K96+300	雨	小型客车	冲撞护栏	0	0	0

续上表

序号	事故地点	天气	车型	事故形态	轻伤	重伤	死亡
49	B 道 K98+250	晴	牵引车	其他	0	0	0
50	B 道 K97+800	晴	小型客车	冲撞护栏	1	0	0
51	B 道 K99+200	晴	小型客车	其他	0	0	0
52	B 道 K102+000	雨	货车	车辆着火	0	0	0
53	B 道 K98+400	晴	货车	其他	0	0	0
54	B 道 K100+400	雨	小型客车	冲撞护栏	0	0	0
55	B 道 K97+300	晴	货车	车辆着火	0	0	0

注:表中 B 道指隧道左幅(左线)。

2.3 隧道区域行车安全影响因素分析

2.3.1 隧道平曲线半径

设计合理的半径曲线的隧道会使驾驶员产生适当的紧张感,减少行车的单调性,从而使交通事故减少。但是,平曲线半径不可过大或过小。统计表明,10%~12%的交通事故发生在平曲线处,并且在半径越小的曲线路段上,发生的交通事故越多。表 2-15 所示为平曲线半径与交通事故率的关系,可见交通事故率随平曲线半径减小而增大,当半径小于 150m 时,事故率明显升高。

平曲线半径与交通事故率的关系 表 2-15

平曲线半径 (m)	事故率[次/(百万车·km)]	
	隧道长度大于 500m	隧道长度小于 500m
<150	0.36	0.26
150~299	0.17	0.17
300~599	0.12	0.12
>600	0.07	0.07

2.3.2 隧道纵坡坡度

隧道纵坡坡度对交通安全的影响十分显著,往往是导致事故的直接原因。图 2-39 为德国交通事故率与纵坡坡度关系曲线图。

从图 2-39 可以看出,当纵坡坡度在 0~2% 之间时,上下坡事故率基本相同,并且事故率非常低;当纵坡坡度在 2%~4% 之间时,下坡事故率开始大于上坡事故率,并且下坡事故率迅速增加;当纵坡坡度大于 6% 时,上坡事故率增加缓慢,而下坡事故率随坡度增加而显著增加,下坡事故率大约是上坡事故率的 2 倍。

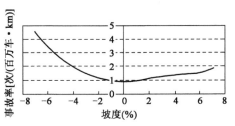

图 2-39 德国交通事故率与纵坡坡度关系曲线图

下坡事故率比上坡事故率高的原因主要是必须紧急制动时下坡行驶的制动距离比上坡行驶的长,而最主要的原因是制动器发生故障。在陡长的下坡路段,行车制动器使用频繁,事故发生率大大增加。另外,驾驶员下坡行驶,心理比较放松,易造成超速行驶,也是事故诱因之一。

公路隧道的纵坡坡度应不小于0.3%且不大于3%。隧道纵坡坡度的增大,必然导致行车速度的降低,进而增加上坡方向车辆的废气排放量。特别是对于大型货车来说,烟雾的排放量随坡度的增加变化更为剧烈,隧道纵坡坡度由3%增加到4%,烟雾的排放量增加30%左右。车辆的废气排放量增大,将导致隧道内行车视距降低,进而诱发交通事故。

2.3.3 视距条件

行车视距与道路的平面线形和纵断面线形有密切关系。在平曲线与竖曲线上超车时发生的道路交通事故,经常是由于视距不足。

图 2-40 为美国事故率与行车视距的关系曲线,分析可知事故率随视距的增加而降低。当视距小于 100m 时,事故率随视距减小而显著增加;当视距大于 200m 时,事故率随视距增加而缓慢降低;当视距大于 600m 时,事故率基本不再变化。

在曲线隧道弯道内侧驾驶员视线被隧道壁或隧道设施等阻碍,行车视距相对于隧道外受到了较大的限制。隧道内几种小半径曲线的停车视距见表 2-16。

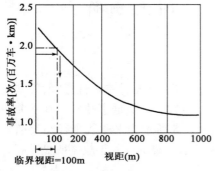

图 2-40 美国事故率与行车视距的关系

隧道内几种小半径曲线的停车视距   表 2-16

半径 (m)	驾驶员与墙距离 4m(m)	驾驶员与墙距离 3m(m)	驾驶员与墙距离 2m(m)	设计速度 (km/h)	停车视距要求 (m)
800	165.072	154.319	141.576	120	210
700	154.440	144.377	132.453	100	160
600	143.020	133.697	122.653	80	110
500	129.57	122.087	111.999	60	75
400	115.61	107.34	98.79	40	40
300	99.85	93.41	85.78	—	—

从表 2-16 可以看出,车辆在通过 500~600m 半径的隧道,视距条件由于受到隧道边墙的影响,在车速较高时难以满足停车视距要求。

2.3.4 道路与隧道横断面差异

从一般路段进入隧道时,道路的横断面存在突变(图 2-41)。尽管根据《公路工程技术标准》(JTG B01—2014),在横断面有突变的地方要求设置横断面过渡段,但对驾驶员的行车仍然会造成较大影响。

图 2-41 道路横断面的突变

从隧道外进入隧道时,车道数一般不会减少,只是没有了路肩,车辆的行驶范围没有被压缩,但视觉上给驾驶员的感受是安全性降低了。根据法国隧道研究中心(CETU)的研究结果,隧道进口处横断面变化的特点是该处事故数较一般路段增加的原因之一。

在隧道入口处,行车环境除了道路横断面变窄外,还由开阔地带变成了封闭空间,会对驾驶员产生一种"墙效应",使得车辆在接近隧道入口时,其横向位置向道路中间移动,以和入口处的隧道壁保持一定的"安全"距离,使两车道之间的行车空隙变小,容易引发事故。

2.3.5 隧道长度

根据已调研的隧道交通事故统计数据来看,交通事故率随隧道长度的增加而增加。隧道长度过长容易诱发交通事故的原因如下:

(1)行车环境单调,容易引起疲劳、打瞌睡,从而造成驾驶员反应迟钝,判断出错。

(2)视觉参照物少,对距离估计不足,造成超速和车距不足。车辆在隧道内等速行驶一段时间后,由于适应性的影响,驾驶员的速度感减弱,虽然实际车速很高,但主观上觉得车速并不高,从而造成速度判断错觉,这种错觉会给行车安全带来极大的隐患。

对于长度较长的隧道,如果交通工程设计合理,能够减少行车的单调性,蜿蜒的照明光带和明亮的墙面具有诱导作用,汽车之间的间距更容易判断,有可能会使交通事故减少。

2.3.6 车型比例

在混合车流条件下,载重汽车和其他车型间车速相差过大,影响隧道主行车道的通行能力,有可能导致超车现象发生。

这种不稳定的交通组成严重干扰了有序的交通流,同时载重汽车会遮挡紧随其后行驶的小汽车驾驶员的视距,容易导致交通事故的发生。当交通组成中载重汽车比例增加时,由于客车与载重汽车的动力性能存在差异,导致车速分布更为离散,车速方差变大,也容易导致交通事故的发生。

一般来说,车型比例与事故率之间呈现一种近似抛物线的发展趋势。当小型车比例大于80%时,即交通组成以小型车为主,交通流趋于稳定,同样事故率也趋于稳定;当小型车比例小于80%且大于20%时,此时交通组成比较复杂,大型车与小型车之间的相互摩擦增大,交通参数离散程度大,事故率增大;当小型车比例小于20%,即大型车比例大于80%,交通组成以大型车为主,交通流再次趋于稳定,使原本分布比例比较离散的交通参数趋于均匀,相应地,事故率也趋于稳定。

2.3.7 交通饱和度

在影响驾驶员行车的诸多交通环境因素中,隧道内交通量的大小,除直接影响驾驶员的心理紧张程度外,也影响交通事故率的高低。

交通量与交通流饱和度直接相关,而交通流饱和度影响交通事故的频率和严重程度。因此,交通事故与交通量的大小有密切关系。一般认为,交通量越小,事故率越低;交通量越大,事故率越高。但实际情况并不完全符合这种规律。交通量对事故率的影响分为以下几种情况:

(1)交通量很小时,车辆之间的间距较大,并且在单向交通的隧道内驾驶员基本上不受同向行驶车辆的干扰,可以根据个人习惯选择行车速度。个别驾驶员可能会忽视行驶安全而冒险高速行车,遇到视距不足、车道狭窄或其他紧急情况时,来不及采取措施才会发生交通事故。

(2)当隧道的交通量逐渐增加时,驾驶员不再单凭自己的习惯驾车,必须同时考虑与其他车辆的关系,使得驾驶行为更加谨慎,因而交通事故相对数量有所下降。

(3)当隧道的交通量继续增大时,在道路上行驶的车辆大部分尾随前车行驶,形成稳定流。在这种情况下,驾驶员有可能超车,因而与超车有关的事故也有所增加。

(4)当交通量进一步增大,形成不稳定车流。此时,超车的危险性越来越大,交通事故相对数量也随交通量的增加而增多。

(5)当交通量增加到使超车成为不可能时,车辆间距已大大减少,交通流密度增大,形成饱和交通流。由于饱和交通流的平均车速低,因此事故相对数量也降低。

所以,隧道内限制超车是行车安全的必要措施。

2.3.8 平均车速

大多数关于车速对事故影响的统计研究都认为,车速提高将导致事故数量上升。另外,这些研究达成这样一个共识,即车速对严重事故的影响要大于对轻微事故的影响。交通调查显示,车速越高,发生事故的危险性越大。但是危险性与车速并不成线性关系。澳大利亚交通局(RTA)研究行车速度与相对事故危险性的关系,见表2-17。

行车速度与相对事故危险性的关系 表 2-17

行车速度(km/h)	相对事故危险性	行车速度(km/h)	相对事故危险性
60	1.00(基数)	75	10.60
65	2.00	80	31.81
70	4.16	85	56.55

如果在隧道中,受视距、照明条件等影响,相对事故危险性还有可能增加,因此,隧道内行车有必要进行限速。

2.3.9 路面附着系数

隧道内外的路面类型不同。隧道外是沥青混凝土路面,隧道内则由于防范火灾、浅色路面有利于照明等原因采用水泥混凝土路面。两种不同的路面类型导致了路面附着系数的差异。在隧道入口处,当驾驶员从沥青路面迅速过渡到水泥混凝土路面时,常常会感觉到速度有所变快,从而下意识地制动减速,当路面附着系数比较小时,比如下雨天,特别容易使车辆侧滑造成事故。尤其在雨天,隧道外为潮湿沥青路面(路面较干净)、隧道入口处为潮湿水泥路面(路面有沉积和污渍,即车辆带入的雨水与沉积物、油污混合物)、隧道内为干燥水泥路面,路面状况变化更为显著,对驾驶员的行车安全带来极大的不确定因素。

通常来说,隧道入口处车辆都会减速,紧急制动的情况也时有发生,这会加速路面的磨耗,尤其是重载交通比较多的道路,很容易造成路面光滑,附着系数减小,安全停车距离增加,发生追尾事故的可能性也就随之增加。因此,应要求驾驶员在隧道外就提前减速进入隧道。

隧道路面虽然不受降水的直接影响,但有其他水的来源,与洞外路面相比,这些水很难排干和蒸发,它们聚集在路面表层,使得隧道路面总是处于一种相对潮湿的状态,在这种状态下,面层细料在车辆的磨耗作用下耐久性下降很快。这时路面附着系数较小,路面抗滑性能降低,特别在下坡的隧道极易引发交通事故。

隧道为半封闭的螺旋管状构造物,隧道内部的湿度平均要比洞外高9%左右。隧道内部空间狭小,存在汽车废气等积聚现象,这些废气、油烟、粉尘等在路面表面的黏附现象比洞外路面显著。油渍对路面的污染,粉尘的黏聚等,使路面抗滑性能变差,且得不到天然降雨的冲洗,水泥砂浆长期处在这样一个不利的环境中,严重影响了路面的抗滑性能。

2.3.10 洞口不良气候

隧道洞口存在不良气候,行车安全受气候影响较大。冬季洞口路面可能有积雪、路面结冰,降低路面抗滑性能;春秋季易有浓雾,使驾驶员视线变差;在雨天,会使洞口段冷热空气变换,产生水珠,造成洞口路面湿滑。

2.3.11 隧道照明和通风

隧道照明的作用是减小或消除驾驶员因隧道内外道路光线明暗而引起的视觉上的差异，目的是确保在白天和夜间行驶的车辆能够安全地接近、穿越和通过隧道。

通风的目的是把隧道内的有害气体浓度或烟雾浓度降到一个允许值以下，以保证隧道内保持良好的空气状态，以及隧道内清晰的视线。

上坡隧道中，车辆的废气排放量将大于下坡隧道。特别是对于大型货车来说，烟雾的排放量随坡度的增加变化更为剧烈，将导致隧道内行车视距的降低，进而诱发交通事故。

2.4 本章小结

本章通过对隧道区域交通环境及典型隧道群路段交通运营情况现场调研，了解隧道路段的交通环境特点，获取有关隧道群路段交通流特征及事故特征的数据资料，同时通过对隧道区域行车安全影响因素进行分析，获得这些因素的影响规律，掌握开展隧道群研究所需的基础数据，为隧道区域交通安全防护技术研究奠定基础。

第3章 隧道之间交通安全防护技术

对于高速公路隧道群区域,两个或两个以上隧道按照一定间距连续存在,这种独特的交通环境会对行车安全造成一定影响,危险因素包括明暗适应、照度、横断面线形、噪声影响、交通量等,但无论哪方面的影响因素,大部分都会反映在车辆或车流的运行速度上。本章通过建立山区高速公路长大隧道群区域隧道之间运行速度预测模型,采用基于运行速度的安全风险评估方法对隧道群区域隧道之间各特征路段进行安全风险评估,分析发现其事故多发点,并给出隧道之间安全治理建议措施。

3.1 基于运行速度的隧道群定义

目前国内对于隧道群的定义可以归纳为:两个或两个以上隧道按照一定间距连续存在,并使该范围内交通流状态受到影响,从而产生明显变化的路段。由该定义可以看出,隧道间距是多个隧道形成隧道群的核心,隧道间距过长,驶出隧道的车辆在到达下一个隧道前有足够的时间恢复到普通路段的行驶状态,连续隧道对于车辆的影响只相当于单个隧道,因此,隧道群的隧道间距应在一定范围之内。

目前国内对于隧道群的隧道间距主要从通风、照明、消防安全以及驾驶员视觉特性的角度进行分析,而对于隧道间距的相关研究尚未形成统一的结论。

本章基于运行速度对隧道群安全特性进行分析,从运行速度的角度对隧道群进行定义,有利于研究目标的一致性和研究方法的连续性。根据实地调研观测的驾驶员行为模式,驾驶员进出隧道时的行为特性表现为(图3-1):驶出隧道时,驾驶员由于环境和视觉的改善,会有加速行驶的操作,而在前方无障碍时一般加速(加速段 S_1)到期望速度即稳定行驶,当驶近隧道时,驾驶员会在一段距离内提前减速(减速段 S_2)。

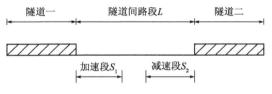

图3-1 隧道间路段行驶特性示意图

加速段 S_1 可以参照《公路项目安全性评价规范》(JTG B05—2015)的直线路段加速度公式(3-1)进行计算:

$$V_S = \sqrt{V_0^2 + 2a_0 S} \tag{3-1}$$

式中：V_S——直线段上的期望车速，m/s；

V_0——驶出隧道后的运行速度，m/s；

a_0——车辆的加速度，m/s²；

S——加速段距离，m。

《公路项目安全性评价规范》(JTG B05—2015)给出的期望车速和推荐加速度值见表3-1。

期望车速和推荐加速度值　　　　　表3-1

车型	小型客车	大型货车
期望车速 V_S (km/h)	120	75
推荐加速度值 a_0 (m/s²)	0.15～0.5	0.2～0.25

减速段距离 S_2 可按驾驶员看到隧道洞口的识别视距要求确定，《公路路线设计规范》(JTG D20—2017)第11.2.2条对主线分流出口的识别视距规定如下：主线分流鼻之前应保证判断出口所需的识别视距。识别视距应符合表3-2的规定。条件受限时，识别视距应大于1.25倍的主线停车视距。

识别视距　　　　　表3-2

设计速度(km/h)	120	100	80	60
识别视距(m)	350(460)	290(380)	230(300)	170(240)

注：括号中为行车环境复杂、路侧出口提示信息较多时应采用的视距值。

根据实地调研结果，在小型客车、大型客车和大型货车三种主流车型中，小型客车和大型客车的运行速度变化规律以及运行速度值较相似(见调查数据中图2-16和图2-17)，因此可以将小型客车和大型客车作为小型客车统一考虑，这与《公路项目安全性评价规范》(JTG B05—2015)中运行速度预测时对车型的考虑是一致的。

(1)小型客车。

V_0 应取隧道出口位置调查速度累计频率曲线85%位速度。根据实地调研结果，对于小型客车，该速度大致为90km/h；期望车速 V_S 和加速度 a_0 按表3-1取值；计算可得加速段距离 S_1 =748m。

在小型客车运行速度80～100km/h范围内，识别视距大致为300m，则按 S_2 =300m。

因此，S_1 与 S_2 之和大致为1km，则对于小型客车，隧道群定义中基于运行速度的隧道间距可大致确定为1km。

(2)大型货车。

根据实地调研结果，对于大型货车，V_0 大致为55km/h；期望车速 V_S 和加速度 a_0 按表3-1取值；计算可得加速段距离 S_1 =445m。按大型货车运行速度60km/h，识别视距大致为200m，则按 S_2 =200m。

因此，S_1 与 S_2 之和大致为650m，则对于大型货车，隧道群定义中基于运行速度的隧道间距可大致确定为650m。

综上所述，取小型客车和大型货车确定的 S_1 与 S_2 之和的较大值1km。因此，当隧道间路段长度小于1km时，认为车辆驶出前一个隧道后还未加速至期望车速即准备减速进入下一个隧道，即连续隧道对车辆行驶特性造成影响，将其定义为隧道群区域。

3.2 隧道之间运行速度预测研究

3.2.1 运行速度影响因素分析

3.2.1.1 视觉特性

车辆出入隧道时,驾驶员突然进入亮度明暗变化较大的区域,需要经过一段时间才能看清区域内的情况,这就导致"白洞现象"和"黑洞现象"的发生(图2-2),这个适应亮度明暗变化的过程称为"明适应"和"暗适应"。

(1)暗适应影响。

"黑洞效应"对驾驶员最直接的影响是进入隧道前后剧烈的视点照度突变使驾驶员出现短暂的视觉失明,驾驶员难以看清前方存在的不利于安全行车的因素,可能发生碰撞引发交通事故。白天在光线和道路线形良好,且驾驶员通视范围内无遮挡物的条件下,驾驶员可以清晰看到前方停车视距范围内的情景,因此驾驶员在距离隧道洞口前方停车视距处基本可以看清隧道洞口至视点位置处的所有事物,但在车辆继续接近隧道的过程中,由于隧道内光照强度远低于外界,此时隧道内环境在驾驶员视野中仅显示为一个"黑洞",无法满足停车视距,从而产生行车安全隐患。在车辆进入隧道后,依次经历隧道入口段照明(加强照明段)、过渡段照明和中间段照明。目前国内隧道照明设置基本采用《公路隧道照明设计细则》(JTG/T D70/2-01—2014)(简称《设计细则》),《设计细则》中照明设置方法使用国内外公认的CIE(国际照明协会)暗适应曲线,可以认为隧道内灯光照明下的光照强度变化基本符合人眼暗适应规律,不会形成视觉障碍,且隧道内灯具设置符合《设计细则》规定后也同样满足照明停车视距的要求。隧道过渡照明段始端位置基本不受外界环境光影响,因此将隧道入口段"黑洞效应"影响范围起点定为驾驶员距离隧道洞口停车视距处,终点定为隧道内过渡照明段始端(图3-2)。

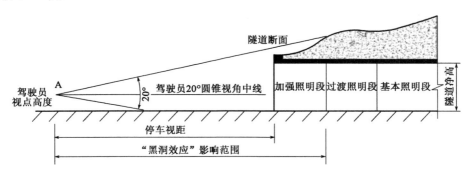

图3-2 "黑洞效应"影响范围示意图

相同隧道驾驶员视点照度变化的根本原因是驾驶员视点与太阳相对角度以及太阳光强度不同。当太阳处于人眼视野内,即形成逆光时,视点照度较高,驾驶员进入隧道后逆光立即消失,瞬间视点照度骤降;而当太阳处于人眼后方,此时属于顺光,驾驶员进入隧道前视点照度水平较低,进隧道后下降幅度也小,造成的"黑洞效应"程度较弱。而阳光在一天的强弱也有不同,通常正午时分光照强度最强,此时驾驶员视点照度水平较高,形成的"黑洞效应"通常也强于非正午时段。

影响不同隧道驾驶员视点照度变化的因素很多,根据调查数据分析,在外界环境光照强度相同,太阳与人眼方位角相同的情况下,影响驾驶员视点照度的因素有以下几点:

①隧道背景中山体的高度。天空面积在视野中占比(简称"天空面积比")直接影响驾驶员视点照度的大小,天空面积比越大,视点照度值越高;山体越高,越容易在隧道前形成阴影,阴影有减轻"黑洞效应"的效果。

②隧道前山体中植物的茂盛程度。绿色植物可以实现柔和地减光,当视野中山体面积相等时,覆盖植物面积越大,驾驶员视点照度越低。

③隧道洞口前路基形式。如果隧道洞口前路基为路堑形式,路堑边坡会对自然光进行遮挡,因此处于路堑路段的隧道处驾驶员视点照度要低于处于路堤路段的驾驶员视点照度。

虽然影响隧道入口段驾驶员视点照度的因素较多,但驾驶员视点照度仍是表征驾驶员实际光照感受的直接指标。目前国内外越来越多公路隧道通过在入口处采用减光措施来改善驾驶员的视觉感受。

(2)明适应影响。

隧道明适应时间相对暗适应较短,汽车由暗处驶入明处时,视力需要 1~3s 才能逐渐适应。《交通工程学》中指出在隧道出口产生的视觉障碍,大约在 1s;同时指出,若视野内有强光照射,颜色不均匀,会使人眼产生不舒适感,形成视觉障碍,眩光会使人的视力下降,下降的程度取决于光源的强度、视线与影响光间的夹角、光源周围的亮度、人眼的适应性等多种因素,从暗处到亮处约需 3s。一些路线为东西走向的隧道,在凌晨和黄昏可能出现阳光直射的情况,而此时是驾驶员容易出现困倦、疲劳的时段,而且阳光直射会加剧白洞效应,即隧道内驾驶员因为阳光刺眼无法识别隧道洞口外的路线走向和标志等交通设施。阳光直射隧道洞口会在车辆的前风窗玻璃形成明显的光晕,也会引发驾驶员视觉的"白洞效应",即直射的阳光导致驾驶员无法看清洞外的道路情况(图3-3)。情况严重时,驾驶员为适应光线强度的变化瞳孔直径会急剧变化,会导致驾驶员在 1~2s 内无法看清事物,形成短时或者瞬间视盲现象,这对驾驶员驾驶车辆是十分危险的。

图3-3 阳光直射隧道洞口形成的光晕和白洞效应

通过调查分析发现,驾驶员在"暗适应"和"明适应"这段时间内会出现行车速度的明显变化。此外,隧道内通过灯光提供照明,其照度和均匀度对行车视觉产生的影响都不同于外部的道路环境。隧道内如果照度太大,则容易使人产生刺眼的感觉,影响驾驶员判断的准确性;如果照度太小,由于车辆排出的烟气受到车灯的照射,光线被烟气吸收形成光散射现象,降低能见度,从而使驾驶员识别障碍物的能力下降。因此,隧道内行车速度一般会低于隧道外。

3.2.1.2 环境噪声

车辆在隧道内行驶时,驾驶员承受的噪声主要来自路面噪声。我国隧道内一般采用水泥混凝土路面,且为防滑考虑还常进行刻槽和人工糙面等处理,车辆行驶时振动较大,轮胎与路面作用产生的噪声也较大。由于隧道为封闭环境,噪声不易发散,经过路面和隧道壁多次反射后产生混响,各种噪声叠加形成的环境噪声非常大,严重影响驾驶员的正常思维判断和反应能力,也会导致隧道内行车速度一般低于隧道外。

3.2.1.3 道路线形

(1)平面线形。

平面线形对隧道内车辆运行速度的影响主要表现在平曲线半径,当平面线形为直线或大半径平曲线时,车辆运行速度不受平面线形影响;当平面线形为小半径平曲线时,因隧道壁对驾驶员视线的遮挡(图3-4),驾驶员视距变小,无法判断较远处前方状况,必须降低运行速度行驶。

图3-4 隧道内平曲线行驶视图

如图3-5所示,隧道内车辆停车视距可根据式(3-2)进行计算:

$$\frac{L}{2} = (R + J + A + M) \times \alpha \tag{3-2}$$

$$\alpha = \arccos \frac{R}{R + J + A + M} \tag{3-3}$$

式中：R——平曲线半径，m；

L——停车视距，m；

J——检修道宽度，取 0.75m；

A——侧向宽度，取 0.5m；

M——车道中心线到路缘带边缘线的距离，取 $3.5 \times 0.5 = 1.75(\text{m})$。

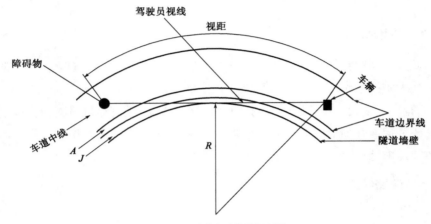

图 3-5　隧道内平曲线视距图

根据《公路工程技术标准》（JTG B01—2014），当设计速度为 80km/h 时，最小停车视距为 110m，可计算得出对应的隧道平曲线半径为 510m。因此，当隧道平曲线半径大于 510m 时，运行速度不受平面线形的影响。调研路段隧道群最小平曲线半径为 1000m，可认为平面线形对车辆运行速度无影响。

（2）纵断面线形。

纵断面线形指标由坡长、坡度和竖曲线组成，其中对运行速度起作用的主要是坡长和坡度。因车辆动力性能存在差异，坡长和坡度的大小对小型客车运行速度影响较小，主要影响货车的运行速度。上坡时，货车需要提供更多的动力来克服高差，从而使速度降低；下坡时，货车受重力影响速度加快，制动系统容易因频繁制动导致失灵，因此行驶时不能采用过快的速度，而应保持低挡位行驶。

隧道纵坡坡度不应小于 0.3%，一般情况下不应大于 3%；受地形等条件限制时，高速公路、一级公路的中、短隧道可适当加大，但不宜大于 4%。调研路段的中隧道和长隧道的纵坡坡度不大于 3%；根据《公路项目安全性评价规范》（JTG B05—2015）的相关研究结论，当纵坡坡度小于 3% 时，对隧道内车辆运行速度无影响。

（3）横断面。

受工程造价以及施工难度的限制，隧道横断面宽度一般小于路基段横断面宽度，除了行车道外一般没有其他车道可供使用。因此，在隧道内行驶会感觉空间狭小、侧向余宽不足、压迫感强、安全感降低，驾驶员会倾向于采用较低的运行速度。

3.2.1.4 交通量

隧道群区域的交通量对运行速度有直接影响,当交通量很小时,车辆之间的间距较大,驾驶员基本不受同向行驶车辆的干扰,绝大多数驾驶员都能根据道路条件保持符合车辆动力性、经济性、制动性和安全性的运行速度。当交通量逐渐增加时,驾驶员必须考虑保持与前车的车距,因此运行速度受前车的影响;当交通量很大时,交通流密度增加,车距变小,驾驶员需要密切注意前车的运行情况,谨慎驾驶,车速进一步降低。

进行路段运行速度调研时,均选择在交通流为自由流状态下进行,认为交通量对车辆运行速度没有影响。

3.2.2 车辆行驶特性分析

3.2.2.1 短隧道

由前面的调查数据(图2-16、图2-17)可知,车辆穿过短隧道的过程中,基本仍维持在进入短隧道前的行驶状态(加速、减速或速度平稳),可见短隧道对于车辆行驶特性影响很小。分析其原因主要为:短隧道一般可通视,对驾驶员心理影响小;短隧道内亮度与外部差别不大,对驾驶员视觉影响小,不需减速去适应亮度变化;短隧道间距较小时,驾驶员在上一个隧道前即能看到下一个隧道位置(图3-6、图3-7),在操作上一般会选择维持现有行驶状态。

图 3-6 可通视的短隧道　　　　　　图 3-7 可通视的连续短隧道

因此,研究认为短隧道对于车辆行驶状态影响较小,在运行速度预测时将短隧道路段视为普通路段。

3.2.2.2 中隧道

选取能够代表一般规律的大型货车在斗米四号隧道的运行速度变化曲线进行分析(图3-8),可知在大多数情况下,车辆在进入隧道前300 m左右开始减速,进入隧道后,仍然在持续缓慢减速,在进入隧道后300 m左右、大型货车速度降低至50~60 km/h(小型客车速度降低至80~90 km/h)时趋于稳定,接近隧道出口时匀速或加速驶出隧道。

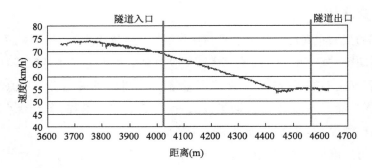

图 3-8　中隧道(斗米四号隧道)速度-距离变化曲线(K105 + 751 ~ K98 + 093 大型货车)

分析其原因主要为:隧道前路段线形为平直路段,车辆经过一段时间行驶后速度达到较高值,看到前方有隧道后开始减速准备进入隧道,并减速至适应隧道环境的速度。

3.2.2.3　长隧道

选取能够代表一般规律的大型货车在后眷隧道的运行速度变化曲线进行分析(图 3-9),可知在大多数情况下,车辆在进入隧道前 300m 左右开始减速,进入隧道后,在 300m 左右的距离内仍减速行驶,大型货车速度降低至 50 ~ 60 km/h(小型客车速度降低至 80 ~ 90 km/h)开始趋于稳定,在距离隧道出口前 200m 左右时明显减速,在距离隧道出口前 100m 左右时开始加速驶出隧道。

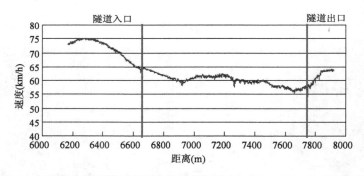

图 3-9　长隧道(后眷隧道)速度-距离变化曲线(K105 + 751 ~ K98 + 093 大型货车)

分析其原因主要为:隧道前车辆保持期望速度行驶,在看到隧道后开始减速准备进入隧道,进入隧道后,由于暗适应影响,在隧道内持续减速至适应隧道环境的速度;在接近隧道出口位置,驾驶员受出口亮光影响,在一个很短的过程中明显减速;在长隧道中行驶时间较长,驾驶员受隧道环境影响有心理压抑的感觉,主观上有加快驶离隧道的愿望,因此在出口处适应亮度变化并看清前方路况后开始加速驶出隧道。

3.2.3　运行速度预测模型的建立

3.2.3.1　运行速度特征点分析

根据前面的调查数据(图 2-16、图 2-17)中各车型的速度-距离变化曲线可知,对于各种车型,运行速度变化规律基本一致,不同的只是速度值的大小,因此各车型的运行速度预测模型中采用相同的运行速度特征点。

不论货车还是客车,其运行特性基本都符合"进隧道减速—出隧道加速"的变化,因此,根据这一运行特性可将隧道群划分成若干个由单个隧道形成的单元路段,并确定其特征点,如图3-10所示。

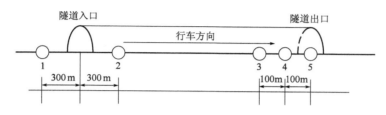

图3-10 隧道运行速度特征点

特征点1:隧道入口前300m,车辆开始减速准备进入前方隧道,此点速度为隧道起始速度。

特征点2:隧道入口后300m,车辆减速至稳定速度。

特征点3:隧道出口前200m,驾驶员受出口亮光影响,车辆开始减速。

特征点4:隧道出口前100m,驾驶员视觉完成明适应过程,看清隧道外景象,开始加速或匀速驶出隧道。

特征点5:隧道出口位置,车辆将离开隧道,驾驶员根据前方线形以及构造物位置情况选择行驶速度。

根据调查数据的统计结果,结合国内已有研究成果,隧道路段的起始速度 v_1 为:小型客车 80~100km/h,大型货车 50~70km/h。

3.2.3.2 模型的建立

隧道群区域与单个隧道的区别在于相邻隧道的影响,在运行速度上体现为隧道间距较小时,进入下一个隧道前的速度低于普通路段的运行速度。

运行速度预测模型建立时,首先在大量实测数据的基础上,采用数理统计中回归分析的方法研究各特征点速度 v_1、v_2、v_3、v_4、v_5 的相关性,建立车辆在单个隧道路段的运行速度预测模型。车辆在隧道群区域行驶时,在离开前方隧道后,加速至期望运行速度,加速过程的速度变化由式(3-1)以及表3-1的推荐加速度确定。在下一个隧道入口前300m会因为下一个隧道的存在而开始减速,进入下一个隧道后在隧道内的速度变化由单个隧道的运行速度模型确定。

对于单个中隧道或长隧道的运行速度预测模型,以 v_2 与 v_1 的相关性为例,根据调研数据建立 v_2 与 v_1 的散点图(图3-11、图3-12),可以看出,数据点多聚集在一条直线附近,以线性关系拟合数据点的相关度较高。因此,运行速度预测模型可采用直线方程。

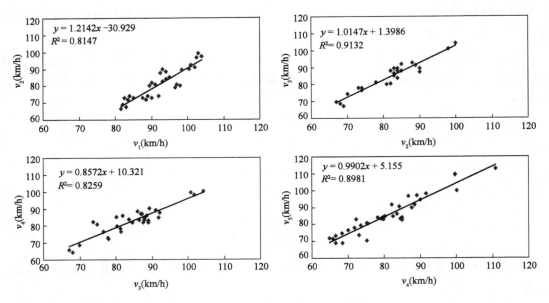

图 3-11　小型客车特征点速度的相关性

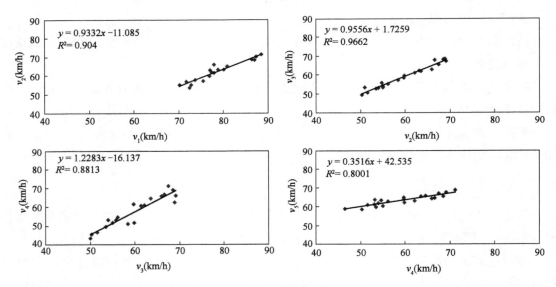

图 3-12　大型货车特征点速度的相关性

根据调研数据进行回归分析,得到以下关系式:

(1) 小型客车:

$$v_2 = 1.2142v_1 - 30.929, R^2 = 0.8147 \tag{3-4}$$

$$v_3 = 1.0147v_2 + 1.3986, R^2 = 0.9132 \tag{3-5}$$

$$v_4 = 0.8572v_3 + 10.321, R^2 = 0.8259 \tag{3-6}$$

$$v_5 = 0.9902v_4 + 5.155, R^2 = 0.8981 \tag{3-7}$$

（2）大型货车：

$$v_2 = 0.9332v_1 - 11.085, R^2 = 0.904 \quad (3-8)$$
$$v_3 = 0.9556v_2 + 1.7259, R^2 = 0.9662 \quad (3-9)$$
$$v_4 = 1.2283v_3 - 16.137, R^2 = 0.8813 \quad (3-10)$$
$$v_5 = 0.3516v_4 + 42.535, R^2 = 0.8001 \quad (3-11)$$

3.2.3.3 模型的使用

隧道群区域运行速度预测模型的使用具体包括以下要点：

(1) 短隧道的运行速度按普通路段根据《公路项目安全性评价规范》(JTG B05—2015) 计算。

(2) 单个中隧道或长隧道以隧道入口前 300m 至隧道出口处划分为一个单元路段，运行速度预测模型所用公式为式(3-4)~式(3-11)，适用条件为平曲线半径大于 510m、路线纵坡小于 3% 且交通流为自由流状态。

(3) 隧道群区域的起始速度 v_1：小型客车 80~100km/h，大型货车 50~70km/h。可根据前方路段运行速度情况在此范围内取值。

(4) 对于隧道之间的路段，隧道出口至下一个隧道入口前 300m 之间的运行速度按普通路段根据《公路项目安全性评价规范》(JTG B05—2015) 进行计算。

(5) 当两个相邻隧道的间距小于 300m 时，以前方隧道出口处的速度 v_5 作为下一个隧道的起始速度 v_1。

3.2.4 运行速度预测模型的验证

为验证模型的有效性和准确性，将第一处典型隧道群区域的地点测速数据代入模型中进行验证，验证结果见表 3-3。

第一处典型隧道群区域高速公路隧道段实测速度与预测速度　　表 3-3

隧道名称	速度	v_1		v_2		v_3		v_4		v_5	
		小型客车	大型货车	小型客车	大型货车	小型客车	大型货车	小型客车	大型货车	小型客车	大型货车
马鞍山	预测值(km/h)	97	72	87	56	90	55	87	52	91	61
	实测值(km/h)			92	59	96	54	92	57	97	67
	误差(%)			5.4	5.1	6.3	1.9	5.4	8.8	6.2	9.0
井沟岭	预测值(km/h)	102	73	93	57	96	56	92	53	97	61
	实测值(km/h)			93	56	95	60	90	57	102	67
	误差(%)			0.0	1.8	1.1	6.7	2.2	7.0	4.9	9.0

从表 3-3 中可以看出：

(1) 预测值与实测值之间的误差绝对值均在 10% 以下，说明预测的精度较好。

(2) v_5 的预测误差偏高，主要由于特征点 5 为即将离开隧道，运行速度受视野内其他结构物以及线形等多种交通条件因素的影响，驾驶员的驾驶行为自由度较高，从而导致数据出现偏差，但仍在可接受的范围内。

3.3 隧道之间安全风险评估方法研究

基于运行速度进行隧道群安全风险评估，结合调研获得的交通事故分布特征以及跟车试验获得的车辆运行速度数据，分析车辆运行速度变化情况与事故率之间的关系。

3.3.1 调研路段交通事故特征

3.3.1.1 事故空间分布

图 3-13 为第二处典型隧道群区域高速公路交通事故空间分布，表现出以下特点：

(1) 隧道群路段的事故率明显高于普通路段。

普通路段的事故率明显低于隧道群路段，充分说明隧道群路段的行车安全性低于普通路段。

(2) 隧道洞口附近交通事故率高。

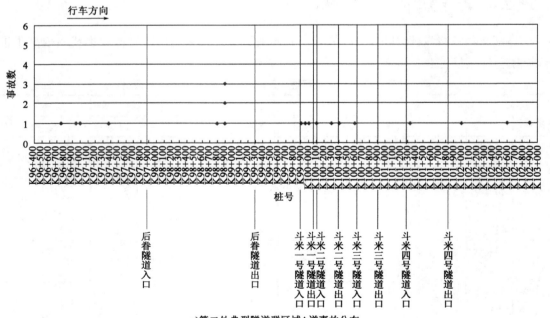

a) 第二处典型隧道群区域A道事故分布

图 3-13

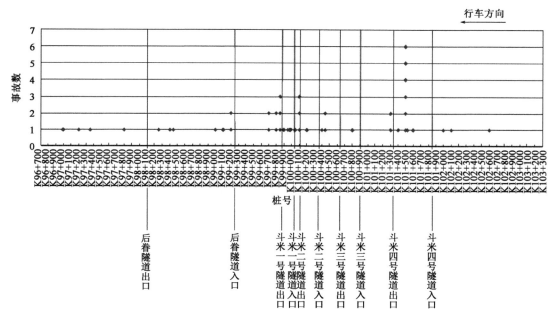

b) 第二处典型隧道群区域B道事故分布

图 3-13　第二处典型隧道群区域交通事故空间分布

隧道中间段事故率较小,隧道进出口路段 200~400m 范围内事故最集中。主要原因在于行车环境的突然改变对驾驶员造成影响,从而影响驾驶操作。

(3) 密集设置的短隧道事故率高。

短隧道内可通视,驾驶员一般会保持原有的运行状态,并不刻意减速,心理上容易麻痹大意。而短隧道与普通路段的亮度有一定差异,短距离内亮度变化频繁,易使驾驶员的视觉受到干扰,不利于发现前方突发的交通状况。

(4) 隧道间的短连接路段事故率高。

隧道间的短连接路段事故率高于长度较大的连接路段。这是因为当隧道间的连接路段较短时,交通流受到隧道进出口车流速度的影响较大,进而易引发交通事故。

3.3.1.2　事故形态

参考我国对道路交通事故形态的划分,将隧道群区域的交通事故形态分为追尾、撞隧道壁、翻车、失火和其他(主要为车辆漏油、货物洒落等偶发性事件)。

通过对第二处典型隧道群区域近几年的交通事故数据进行分析,得到隧道群区域交通事故形态的分布情况,如图 3-14 所示,在明确事故形态的各种事故中,冲撞护栏事故、追尾事故、翻车事故与失火事故较为典型。

追尾事故通常是驾驶员行车时速度过快、行车间距不够、疲劳驾驶等原因导致的,隧道群区域追尾事故发生的原因还包括:驾驶员驾驶车辆运行于隧道群环境中很容易产生视觉疲劳和心理疲劳,导致驾驶员对与前车的间距判断产生误差,不能保持足够的安全距离;隧道内通风效果不佳,车辆废气不能及时排除,再加上光线相对昏暗,使得隧道内驾驶员的行车视觉受到很大干扰,行车过程中不能及时准确地把握前方车辆的运行状况,易导致追尾事故的发生。

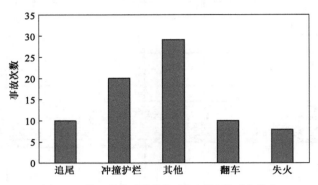

图3-14　第二处典型隧道群区域交通事故形态分布

翻车事故主要是由于超载、超速、转向过急导致车辆重心偏移而翻车。隧道群区域翻车事故发生的原因还包括:受到隧道内特殊环境的影响,隧道内部的路面较为湿滑,且隧道内部的通风效果不佳,使得隧道内部路段的路面附着系数较正常路段偏低,车辆在行驶过程中容易发生打滑现象,在这种运行条件下车辆采取紧急制动或转向过急都易导致翻车事故。

碰撞护栏事故主要是单车事故,事故原因多为轮胎突然爆裂、路面光滑、紧急制动及避让不当等。隧道群区域碰撞护栏事故发生的主要原因还包括:由于隧道群区域车辆运行速度频繁变化,紧急制动及避让等操作增多,驾驶员心理紧张以及疲劳程度的增加导致操作失误的可能性增加,易引发碰撞护栏事故,同时也容易导致翻车事故。

失火指车辆在行驶过程中,因为人为或车辆的原因引起的火灾,也可能是翻车、追尾、碰撞护栏等事故间接导致的火灾。由于高速公路隧道群区域本身的特点,组织扑救火灾难度较大,该区域发生火灾造成的损失同普通路段相比一般要大得多。

3.3.1.3　车辆类型

在分析隧道群区域的交通事故中,确定最危险的车型是非常必要的,因为只有明确最危险的车型,才有可能针对其特点采取相应的防范措施,减少交通事故。

高速公路隧道群区域运行的各种车辆操控性能、加速度、最大运行速度、外形尺寸以及负载程度的不同,使得车辆运行于路段上会表现出不同的特性,直观上看大型货车的尺寸较大,运行速度和加速度都要相对缓慢,负重值较高,而小型客车则恰恰相反。

根据对第二处典型隧道群区域发生交通事故的车辆类型进行的统计,如图3-15所示,事故车型主要包括小型客车、大型客车和货车等。其中,货车和小型客车为发生交通事故的主要车辆类型,分别占全部车辆类型的72%和21%。

第二处典型隧道群区域高速公路交通流组成见表3-4,可知货车发生事故的比例(72%)远高于交通流构成中的货车占比(46%),说明货车对交通安全的影响最大。这与目前我国货车大多超载超限行驶以及车辆制动性能差有很大关系。

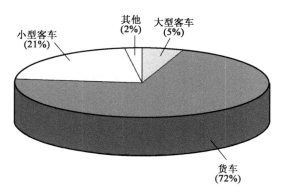

图 3-15　第二处典型隧道群区域交通事故车辆类型

第二处典型隧道群区域高速公路交通流组成　表 3-4

车型	小型客车	大型客车	大型货车					合计
			2 轴	3 轴	4 轴	5 轴	6 轴	
比例（%）	46.15	7.64	18.62	8.03	8.53	1.88	9.15	100

3.3.2　运行速度与行车安全之间的关系

根据对隧道群交通事故特征的分析表明，隧道群区域道路条件复杂多变，车辆在行驶过程中，驾驶员会根据沿途交通条件的变化不断调整车速，以保证行车的安全性。特别是在一些危险路段，如坡道与弯道的组合路段、视距不良路段，驾驶员一般都会主动采取制动措施，调整车速，直到自己觉得相对比较安全为止。这使得采用基于运行速度变化分析行车安全性的方法来找出高速公路隧道群潜在风险点成为可能。

国外对于车辆运行速度和事故率之间关系的研究起步较早，得出许多重要的研究结论。

（1）Solomon 在 1964 年研究了车辆运行速度与道路交通事故的关系，提出了车辆运行速度与道路交通事故率之间呈现"U"形曲线的结论，表明车辆的速度无论是高于还是低于平均车速，其车速差值越大，事故率就会越高，具体的关系模型为：

$$I = 10^{0.000602\Delta v^2 - 0.006675\Delta v + 2.23} \qquad (3-12)$$

式中：I——10 万车公里事故率，次/（10 万车·km）；

Δv——车速与平均车速之差，km/h。

（2）蒙纳斯大学事故研究中心在 1993 年也对车速和平均车速的差值与事故率的关系进行了研究。结果表明，车速与平均车速的差值越大，事故率越高，这与 Solomon 的研究结果是一致的。具体的关系模型为：

$$I = 500 + 0.8\Delta v^2 + 0.014\Delta v \qquad (3-13)$$

（3）加拿大对城乡双车道公路进行分析，得出速度与伤亡率关系式为：

$$r = 0.01802v_a + 0.0188v_d - 1.93 \qquad (3-14)$$

式中：r——伤亡事故率；

v_a——速度累计曲线中的85%车速；

v_d——速度差。

（4）英国交通研究室的 A. Buruag 研究出的 EURO 模型表明，事故率和平均车速及超速行驶者的比例有很大关系，平均车速和车速差异都会对事故率产生影响，当平均车速为60km/h时，车速差异每降低1km/h，事故率将降低2.56%。具体的表达式为：

$$\Delta \ln(N) = \frac{1.536}{\bar{v}} \Delta v \qquad (3\text{-}15)$$

式中：N——年平均事故次数，次/年。

（5）莫斯科国立大学对车速降低因子（Speed Reduction Coefficient, SRC）与事故率的关系进行了研究。SRC 的表达式如下：

$$\text{SRC} = \frac{V_{85i}}{V_{85i-1}} \qquad (3\text{-}16)$$

式中：V_{85i}——调查断面上的85%车速；

V_{85i-1}——连续的前一断面的85%车速。

莫斯科国立大学对15000余辆汽车进行了观测。收集的数据按初始速度分为三组：①60~80km/h；②80~100km/h；③100~120km/h。每组根据减速度值又分为三个小组：①<0.5m/s²；②0.5~1.5 m/s²；③1.5~2.5 m/s²。SRC 与事故率的关系模型如图3-16所示。

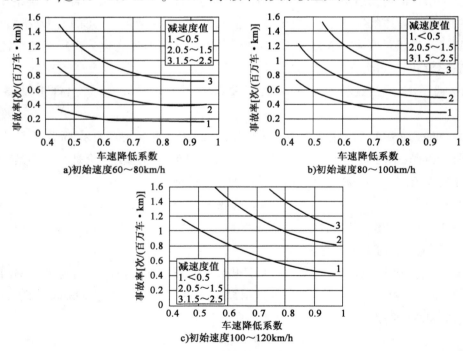

图 3-16 SRC 与事故率的关系模型

注：图中减速度单位为 m/s²

SRC 主要考虑了运行速度变化率,在车辆实际运行中,运行速度变化率比运行速度变化幅度更能反映道路的安全状况。例如,车辆从 60km/h 减速到 30km/h 和从 120km/h 减速到 90km/h 的变化幅度是相同,但速度变化率是不一样的,前者发生事故的可能性要远大于后者。

(6)同济大学提出了事故率模型,将运行速度和速度梯度综合考虑。模型中的事故率不仅包括已经发生的交通事故,而且对整条道路一定时间内的交通事故进行逻辑预测。通过对已有数据的分析和模型预测,可以找出个别事故多发的路段,从而改善该路段的路况,将交通事故率控制在最低水平。事故率模型如下:

$$I^* = aV^P \tag{3-17}$$

式中:I^*——事故率,次/(百万车·km);

V——运行速度,km/h;

P——控制参数;

a——弹性系数,通过回归统计解出。

由式(3-12)~式(3-17)可以得出:车辆运行速度、速度差、速度变化率与道路交通事故率之间具有相关性。各研究较为一致的结论是:①运行速度离散性越大,事故率越高;②运行速度变化率越大,事故率越高。

3.3.3 隧道群安全风险评估方法

隧道之间安全风险评估的基本思路来源于前述对各模型的总结,从运行速度变化情况与交通事故入手,研究两者之间的相关性,从而可对隧道群区域的安全水平进行预测。基于这一思路,可建立一个系数 K 来考察隧道群区域各路段单元的安全水平。K 的表达式如下:

$$K = \frac{|v_2 - v_1|}{v_1} \tag{3-18}$$

式中:K——安全风险系数(无量纲),体现运行速度的变化情况;

v_1——评价路段单元(长度为 100m)前 100m 路段的运行速度,取值为小型客车和大型货车运行速度的平均值;

v_2——评价路段单元(长度为 100m)的运行速度,取值为小型客车和大型货车运行速度的平均值。

式(3-18)综合考虑运行速度和速度梯度的影响,体现运行速度的相对变化。

根据第二处典型隧道群区域高速公路交通事故调研数据,考虑发生 1 次事故的偶然性较大,数据拟合时采用 100m 距离以内发生 2 次或 2 次以上事故的路段单元,统计见表 3-5。

第二处典型隧道群区域高速公路 B 道(K102+100~K96+950)

发生 2 次或 2 次以上事故的路段单元   表 3-5

事故次数	路段单元中点桩号	事故次数	路段单元中点桩号
2	K102+100、K101+300、K99+700、K98+450、K98+250、K97+350、K96+950	3	K100+450、K99+200、K99+100

续上表

事故次数	路段单元中点桩号	事故次数	路段单元中点桩号
4	K99+980	7	K101+500
5	K100+100、K99+990		

根据评价路段单元运行速度与前100m路段运行速度计算 K 值,建立 K 值与事故次数的关系曲线,如图3-17所示。

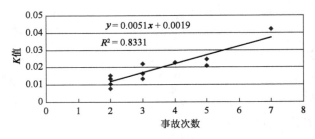

图 3-17　K 值与事故次数的关系

可以看出,K 值与事故次数正相关,随着 K 值的增大,事故次数增加。因此,可将评价路段单元安全风险与 K 值相联系,划分以下四个风险等级:

①当 $K < 0.01$ 时,风险等级为一级,当前路段单元是安全的;
②当 K 介于 $0.01 \sim 0.02$ 时,风险等级为二级,当前路段单元具有一定的事故概率;
③当 K 介于 $0.02 \sim 0.03$ 时,风险等级为三级,当前路段单元事故概率略高;
④当 $K > 0.03$ 时,风险等级为四级,当前路段单元事故概率较高,有可能成为事故多发路段。

该评估方法实际应用时,可基于预测运行速度或结合实测运行速度对隧道群区域各路段单元计算 K 值,按照 K 值大小确定各路段单元的风险等级,对于风险等级较高的路段单元或区域,应将其作为制订安全治理措施的优先考虑和重点考虑路段。

3.3.4　评估方法验证

为证实评估方法的有效性和准确性,采用第二处典型隧道群区域高速公路 A 道(K97+880~K105+831)的交通事故数据进行验证。A 道 100m 距离以内发生 2 次或 2 次以上事故的路段单元统计见表3-6。

第二处典型隧道群区域高速公路 A 道发生 2 次或 2 次以上事故的路段单元　表3-6

序号	路段中点桩号	事故次数	K 值
1	K98+900	3	0.02001906
2	K99+950	3	0.02079098

由表3-6可知,A 道的两个发生 2 次或 2 次以上事故的路段单元 K 值均在 $0.02 \sim 0.03$ 之间,风险等级为三级,属于较危险路段,这与评估方法的结论是一致的,证明了隧道群安全风险评估方法的有效性和准确性。由于交通事故具有偶发性和事后性的特点,未发生事故的路段

未必是安全的,因此应更加重视评估方法的预测功能,在风险等级较高的路段加强主动防护和被动防护相结合的综合治理措施。

3.4 隧道之间安全防护措施与建议

结合前述对隧道群区域隧道之间交通事故特征及影响因素的分析,从主动防护与被动防护相结合的角度,给出一些改善措施及建议。

3.4.1 主动安全防护措施与建议

主动安全防护的理念是通过事先预防,避免或减少事故发生。通过总结给出如下主动安全防护措施和建议。

(1)当隧道内坡道、弯道不能避免时,隧道入口前较长路段应设置振动减速标线(图3-18),提示驾驶员进入隧道应减速慢行,并通过间隔设置的减速标线连续提示。

图 3-18 隧道入口振动减速标线

(2)长度大于1000m的隧道入口前100m设置纵向减速标线,原则上不设置横向减速标线和彩色防滑标线,除特殊情况隧道内外路面材料不一致,经实地检测路面抗滑指标不满足规范要求时可设置彩色防滑标线,参照《设计细则》标准图示例(图3-19)。

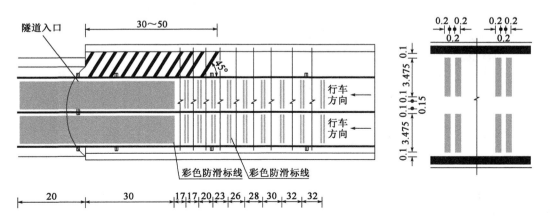

图 3-19 隧道洞口标线设置示意图(尺寸单位:m)

(3)隧道内禁止跨越同向车行道分界线,在隧道入口端向洞外延伸150m。在隧道入口前5s行程内右侧硬路肩设置斜向行车方向的斑马线,线宽45cm,间距100cm,将车道边缘线调整为振动标线。入口前设置护栏过渡段的路段,护栏外侧硬路肩可不施划渠化标线。图3-20所示为隧道洞口标线设置示意图。

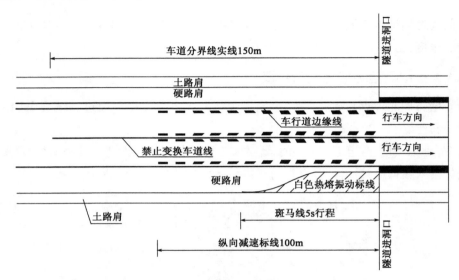

图3-20 隧道洞口标线设置示意图

(4)隧道洞口设置过渡段翼墙或存在无视线诱导设计的混凝土护栏时,应在翼墙或护栏侧壁(长度3~5m)范围内设置立面标记,实体标记为黄黑相间的倾斜线条,线宽均为15cm,设置时由实体中间以45°角向两边施划或在硬路肩内设置弹性警示桩(长度12~15m),桥隧相接路段在圆端头前已设置弹性警示桩的,后方不再设置警示桩。图3-21所示为隧道洞口标记设置示例图。

图3-21 隧道洞口标记设置示例图

(5)在隧道入口处洞门至检修道顶面范围内设置2.5m高、与洞门侧壁宽度相同的反光立面标记,隧道出口处迎车方向护栏圆端头粘贴反光膜,立面标记为黄黑相间的倾斜线条,线宽均为15cm,设置时应把向下倾斜的一边朝向车行道,材料为Ⅳ类反光膜。

(6)设置隧道 LED 灯和轮廓标,完善交通诱导。从洞外 150m 处开始安装 LED 灯带,引导车辆正确驶入隧道;每个隧道内路面两侧路缘石上安装 LED 灯、反光轮廓标或有源发光道钉,以明示路缘轮廓标志,通过定期检查和清洗确保达到反光效果(图 3-22)。

图 3-22　隧道 LED 灯带及轮廓标

(7)科学设置隧道入口提示标志。如图 3-23 所示,在隧道入口处设置隧道名及长度标志牌、开灯行驶标志牌、限速标志牌、隧道内禁止超车标志牌等。

a)开灯行驶标志牌

b)隧道内禁止超车和限速标志

图 3-23　隧道入口提示标志

(8)充分利用门架式可变情报板(图 3-24)和隧道洞门的单柱式情报板及时发布隧道通行信息,并在隧道入口 100m 处安装信号灯(图 3-25)。

图 3-24　门架式可变情报板

图 3-25　隧道入口信号灯

（9）针对春夏季午后以及凌晨等特殊时段驾驶员容易疲劳的实际情况，在隧道入口段加装声光报警装置（图3-26），用于警醒过往驾驶员，提高驾驶员注意力，有效防范因疲劳驾驶可能引发的事故。

图3-26　隧道入口红蓝爆闪灯

（10）通过可变情报板、交通信息灯等提供警告信息和环境信息，限制隧道内车辆的车速并禁止隧道内超车[图3-27a)]，对运载危险化学品的车辆，可采取限速以及禁止通行等措施；针对冰雪等恶劣天气，在洞内外情报板上发布"保持车距、严禁超速""保持车距、谨防追尾"等提醒信息[图3-27b)]。

a)隧道外可变情报板

b)隧道内可变情报板

图3-27　隧道入口可变情报板

（11）预防隧道黑洞效应，确保行车安全。遵循隧道行车明暗过渡原则，根据不同的天气情况，在隧道入口开启不同的灯具，既预防黑洞效应，又达到节能的目的。

（12）提高隧道路面附着系数，缩短车辆制动距离，预防车辆打滑。隧道建设和运营时，应尽量减少雨水和垃圾进入隧道，充分采用排水设备；隧道路面应定期清洁、清扫或"打毛"，为提高隧道洞口路面的摩擦系数，可采用抗滑路面或彩色路面。

（13）采用检测器对隧道内空气质量进行监测。一旦洞里因车辆堵塞或行驶缓慢而尾气超标，检测器就会向交通监控指挥中心发出警报，监控人员据此打开洞里的风机"清洗"空气，迅速排除污染,为驾驶员提供良好的视野。

(14)管理建议。

①隧道事故主要是由通过隧道的车辆引起的,加强安全管理首先应从加强车辆管理入手,具体包括:

a. 隧道外危险品检查站除了对危险品车辆进行检查外,还应对车辆进行预监控与检测,避免有问题的车辆进洞。

b. 设置警示牌,提示保持车距,特别是对大型货车而言。根据欧洲和日本的经验,大型货车车距宜控制在150m以上。

c. 载有危险物品的车辆禁止通行隧道,以确保安全。载有一般物品的货车车队在进入隧道前,应以放行一部货车、其间夹几部小型车辆的方式通行,并于隧道内保持150~200m的车距,以加强行车全。

d. 由交通警察或路政人员指挥,禁止隧道内大型车辆在超车道行驶。

e. 隧道内除非有交通事故,否则不得逆向行驶、倒车。除非发生故障,否则车辆行驶速度不得低于30km/h,也不得在隧道内停车。

f. 隧道内无交通警察或路政人员指挥,不得拆换轮胎、修理车辆。

g. 隧道内任何车辆或货物造成交通阻碍,路政人员应将其强制移开。

h. 尾气排放严重超标的车辆,管理部门有权禁止其通行隧道。

i. 超高、超宽以及超载车辆,管理部门有权禁止其通行隧道。

j. 请交通管理部门在洞内安装多个测速仪,并在测速仪前方提示。

②加强驾驶员的交通安全教育,增进驾驶员对高速公路基本知识的了解,提高驾驶员的素质,以避免由于驾驶员操作不当、疲劳驾驶等造成交通事故。通过在收费所入口发放宣传单、发放高速公路交通地图、发布主线情报板、悬挂横幅等多种形式,提高广大交通参与者的交通常识和安全意识,避免疲劳驾驶、超速行驶等一些违法行为。

③加强管理人员交通安全教育宣传工作,提高员工素质,保证良好的交通安全检测系统,预防交通事故的发生。

3.4.2 被动安全防护措施与建议

被动安全防护是指在公路交通事故发生时,将事故造成的损失降到最低的安全防护措施,其目的是当事故无法避免时,采用容错措施,降低事故严重程度。被动安全防护设施的代表形式是防撞护栏,目前防撞护栏按照碰撞后的变形程度,主要分为半刚性护栏、刚性护栏和柔性护栏三大类;半刚性护栏是车辆碰撞后有一定的变形,又具有一定强度和刚度的护栏,波形梁护栏是其主要代表形式,车辆碰撞时利用土基、立柱、波纹状钢板的变形来吸收碰撞能量;刚性护栏是车辆碰撞后基本不变形的护栏,混凝土护栏是其主要代表形式,车辆碰撞时通过爬高并转向来吸收碰撞能量;柔性护栏是具有较大缓冲能力的韧性护栏结构,缆索护栏是其主要代表形式，车辆碰撞时依靠缆索的拉应力来吸收碰撞能量。图 3-28 所示为防撞护栏代表形式。

a)波形梁护栏

b)混凝土护栏

c)缆索护栏

图 3-28　防撞护栏代表形式

隧道群中隧道之间路段的被动安全防护主要通过防撞护栏来实现，隧道之间涉及隧道出入口两处洞口特殊位置，出口和入口之间净距会影响防撞护栏渐变长度的设置（《设计细则》对隧道入口护栏渐变过渡进行了规定），对于满足渐变段长度的路段可按后面章节中介绍的隧道入口和出口被动安全防护推荐方案来处理，对于隧道之间净距不满足渐变长度的情况给出设置示例如下：

设置方案由 6m 长直线段过渡翼墙，以及 3m 长渐变段过渡翼墙加渐变段范围内的混凝土护栏组成，混凝土护栏可采用 F 型坡面或单坡型坡面，根据路侧危险程度不同选取相应的防护等级，按照《设计细则》中路侧混凝土护栏的构造要求进行设计。设置位置以隧道出口混凝土护栏迎撞面一侧接隧道（或电缆井）侧壁处为前基准点，隧道入口（或电缆井）直线段过渡翼墙接检修道内侧为后基准点，设置方式如图 3-29 所示。翼墙设计、路基段混凝土护栏基础处理、桥梁段混凝土护栏基础处理方式与第 4 章隧道入口桥隧相接过渡段方法一致。对于隧道群的隧道间有临时停车需要的路段，首先建议将临时停车点移到隧道群前后。隧道间必须设置临时停车点的，由于设置护栏会占用应急车道的空间，因此不建议按照上述方案设置护栏；隧道出口护栏应与隧道洞壁或电缆井搭接，隧道入口处应设置具备相应防护等级的缓冲设施，例如可导向防撞垫。

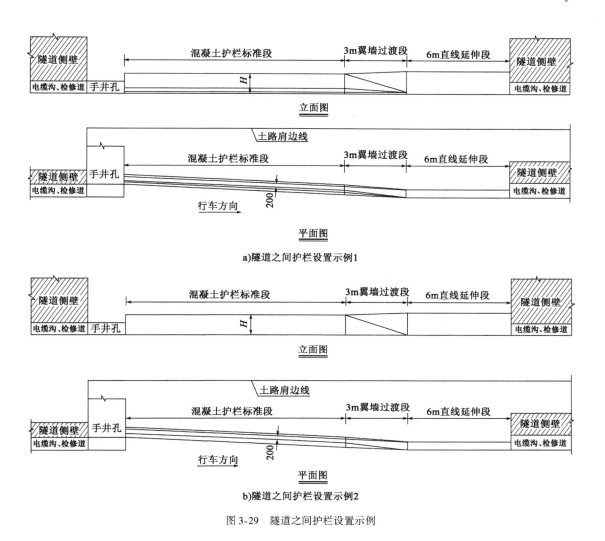

图 3-29 隧道之间护栏设置示例

3.5 本章小结

本章研究建立了隧道之间运行速度预测模型以及运行速度实测数据与交通事故率之间的关系模型,形成了基于运行速度的隧道群区域隧道之间安全风险评估方法;结合隧道群区域隧道之间交通事故特征、事故影响因素以及事故多发点,给出了主动防护和被动防护相结合的综合治理措施及建议。

第4章 隧道入口交通安全防护技术

4.1 隧道入口被动安全防护关键技术

4.1.1 研究方法

隧道入口被动安全防护关键技术研究主要采用计算机仿真分析技术和实车足尺碰撞试验技术。近年来,建筑信息模型(Building Information Modeling,BIM)技术在交通行业中的应用越来越广泛和深入,隧道入口护栏等被动安全防护设施在设计、研究和建造中同样可以利用 BIM 技术。

4.1.1.1 计算机仿真分析技术

车辆碰撞护栏过程仿真分析采用目前国际上在碰撞分析领域应用最广泛的有限元分析软件 LS-DYNA。作为世界上最著名的通用显式动力分析程序,LS-DYNA 能够模拟真实世界的各种复杂问题,特别适合求解各种二维、三维非线性结构的高速碰撞、爆炸和金属成型等非线性动力冲击问题,在工程应用领域被广泛认可。

国外发达国家较早尝试将计算机仿真分析方法作为被动安全防护设施——防撞护栏安全性能评价的一种手段,并通过实践取得了宝贵经验。欧盟于 2006 年完成了 Robust(Road barrier upgrade of standards)项目,在该项目开展过程中,运用经过碰撞试验校正的仿真模型对大量护栏进行安全评价,为 EN 1317 修订提供依据;2008 年欧洲标准化委员会(CEN)起草了《道路安全防护系统计算机模拟的术语、方法、标准(草案)》,规定"经过实车碰撞检测的道路安全设施,如果计算机模拟结果与实车足尺碰撞试验结果各项指标一致,对于护栏的某些非关键因素改进无须再进行实车足尺碰撞试验,可用计算机仿真分析方法评价这种改进后的安全设施的防护性能";2012 年欧洲标准化委员会(CEN)颁布和出版了《道路防护系统——车辆防护系统碰撞试验计算力学指南》(Road restraint systems-Guidelines for computational mechanics of crash testing against vehicle restraint system),将计算机仿真计算方法作为公路护栏安全性能评价方法。

随着计算机仿真分析方法在防撞护栏开发领域应用的日趋成熟,我国也尝试将计算机仿真分析方法作为护栏安全性能评价的一种手段。香港特别行政区政府路政署在桥梁护栏及路旁围栏车辆碰撞可行性研究中,应用经过碰撞试验校核的计算机仿真模型对多种护栏结构进行了安全评价,并将研究成果应用于实际工程中;2020年广东省公路学会发布了《公路护栏安全性能仿真评价技术规程》(T/GDHS 001—2020),该技术规程规定了公路护栏安全性能仿真评价的内容及方法,对护栏安全性能仿真评价具有直接的指导意义。

1)计算方法理论

(1)大变形动态显式有限元方法。

采用拉格朗日增量描述的显式动力有限元求解方程为:

$$M\ddot{x}(t) = P(t) - F(t) - C\dot{x}(t) \tag{4-1}$$

式中: M——总体质量矩阵;

$\ddot{x}(t)$ 和 $\dot{x}(t)$——分别为整体节点加速度向量和速度向量;

$P(t)$——整体载荷向量;

$F(t)$——单元应力场的整体等效节点力向量;

C——总体阻尼矩阵。

采用中心差分法对式(4-1)进行时间积分,其算法为:

$$\begin{cases} \ddot{x} = M^{-1}[P(t_n) - F(t_n) - C\dot{x}(t_{n-\frac{1}{2}})] \\ \dot{x}(t_{n-\frac{1}{2}}) = \frac{1}{2}(\Delta t_{n-1} + \Delta t_n) x(\ddot{t}_n) \\ x(t_{n+1}) = x(t_n) + \Delta t_n \dot{x}(t_{n+\frac{1}{2}}) \end{cases} \tag{4-2}$$

$$\begin{cases} t_{n-\frac{1}{2}} = \frac{1}{2}(t_n + t_{n-1}) \\ t_{n+\frac{1}{2}} = \frac{1}{2}(t_{n+1} + t_n) \end{cases} \tag{4-3}$$

$$\begin{cases} \Delta t_{n-1} = (t_n - t_{n-1}) \\ \Delta t_n = (t_{n+1} - t_n) \end{cases} \tag{4-4}$$

式中: $\ddot{x}(t_n)$、$\dot{x}(t_{n+\frac{1}{2}})$、$x(t_{n+1})$——分别为 t_n 时刻的节点加速度向量、$t_{n+\frac{1}{2}}$ 时刻的节点速度向量和 t_{n+1} 时刻的节点位移向量;

$P(t_n)$ 与 $F(t_n)$——分别为 t_n 时刻的载荷与节点力向量。

显式中心差分法是条件稳定的,只有时间步长小于临界值 Δt_{cr} 时,计算结果才稳定,即:

$$\Delta t \leq \Delta t_{cr} = \frac{2}{w_{max}} = \frac{L_s}{c} \tag{4-5}$$

$$c = \sqrt{\frac{E}{\rho(1-v^2)}} \tag{4-6}$$

$$L_s = \begin{cases} \dfrac{A_s}{\max(L_1, L_2, L_3, L_4)} & \text{(四边形单元)} \\ \dfrac{A_s}{\max(L_1, L_2, L_3)} & \text{(三角形单元)} \end{cases} \tag{4-7}$$

式中： w_{max}——系统的最高固有振动频率；
L_s——单元的特征长度；
c——声速；
E——杨氏弹性模量；
ρ——材料密度；
υ——泊松比；
A_s——单元面积；
$L_i(i=1,2,3,4)$——单元边长。

（2）材料非线性理论。

车辆和波形梁护栏主要采用钢铁类弹塑性材料，在碰撞过程中材料易产生屈服或断裂，由于应力与应变不再成线性比例关系，因此发生材料非线性变化。

通过材料力学试验得到本构关系作为仿真模型参数，计算过程中，首先判断结构应力状态是否达到屈服，如果没有达到，则按线弹性材料本构关系处理，如果应力超过屈服强度，则按塑性或脆性变形本构关系计算应力—应变关系。

仿真分析中采用 Von-Mises 屈服准则判断材料是否进入塑性：

$$F^0(\sigma_{ij},k_0) = f(\sigma_{ij}) - k_0 = 0 \tag{4-8}$$

$$\begin{cases} f(\sigma_{ij}) = \dfrac{1}{2}S_{ij}S_{ij} \\ k_0 = \dfrac{1}{3}\sigma_{s0}^2 \\ S_{ij} = \sigma_{ij} - \sigma_m\delta_{ij} \\ \sigma_m = \dfrac{1}{3}(\sigma_{11}+\sigma_{22}+\sigma_{33}) \end{cases} \tag{4-9}$$

式中： σ_{ij}——应力张量分量；
k_0——给定的材料参数；
$F^0(\sigma_{ij},k_0)$——初始屈服面；
σ_{s0}——材料的初始屈服应力；
S_{ij}——偏斜应力张量分量；
σ_m——平均正应力。

其中 S_{ij} 和等效应力 $\bar{\sigma}$ 有以下关系：

$$\frac{1}{2}S_{ij}S_{ij} = \frac{\bar{\sigma}^2}{3} = J_2 \tag{4-10}$$

式中：J_2——第二应力不变量，将式(4-10)代入式(4-8)，得到 $\bar{\sigma}=\sigma_{s0}$，可以得到当等效应力等于材料的初始屈服应力时，材料开始进入塑性变形。

(3) 边界非线性处理方法。

碰撞发生时,物体之间会产生接触,导致接触界面速度瞬时不连续,产生边界非线性。接触会给离散方程时间积分带来困难,在有限元理论中,有惩罚函数法、动态约束法、分布参数法三种接触处理方法。

①惩罚函数法基本原理是:在每一个时间步开始前,首先检查各从节点是否穿越主面,如没有穿透则不做任何处理;如果穿透,则在该从节点与被穿透主面间引入界面接触力,其大小与穿透深度、主面刚度成正比。这种处理方法相当于在界面间放置法向弹簧,以限制从节点对主面的穿透。

②动态约束法基本原理是:在每一时间步 Δt 修正构形之前,搜索所有未与主面接触的从节点,看是否在此 Δt 内穿透了主面。如果穿透,则缩小 Δt,使那些穿透主面的从节点正好到达主面。在计算下一 Δt 之前,对所有已经与主面接触的从节点都施加约束条件,以保持从节点与主面接触而不贯穿。此外,检查和主面接触的从节点所属单元是否受到拉应力作用,如受到拉应力,则施加释放条件,使节点脱离主面。

③分布参数法基本原理是:将每一个正在接触从单元的一半质量分配到被接触的主面面积上,同时根据每个正在接触从单元的内应力,确定作用在接受质量分配的主面面积上的分布压力。在完成质量和压力分配后,修正主面加速度,然后对从节点的加速度和速度施加约束,以保证从节点在主面上滑动,不允许从节点穿透主面,从而避免反弹现象。

这三种方法中,惩罚函数法原理简单,算法动量守恒,在显式有限元算法中得到了广泛应用。

2) 仿真模型建立与参数校核

由于车身和波形梁护栏结构主要是薄壁金属构件,单元类型以擅长大变形的四边形单点积分壳单元为主。为获得良好单元,控制四边形单元翘曲度小于 $15°$,长宽比小于 4,最大角小于 $135°$,最小角大于 $45°$,三角形单元的数量控制在 5% 以内,最小特征长度控制在 5mm 左右。通过试验获得车辆和护栏的材料属性,采用 Cowper-Symons 模型来考虑材料的应变率效应。

(1) 车辆模型。

按实际车辆尺寸建立小型客车、大型客车及大型货车三种仿真模型,车身各部分构件之间主要采用点焊连接,车门和车体通过铰接点单元连接。轮胎胎压通过试验测定,小型车轮胎胎压取 0.3MPa,大型车轮胎胎压取 0.8MPa。采用基于惩罚函数法的 Automatic_Single_Surface 接触类型解决边界非线性问题。

车辆模型坐标:车辆行驶方向为 x 坐标,宽度方向为 y 坐标,z 方向垂直于 xy 平面。

①小型客车。

根据我国小型客车特点,建立车辆有限元模型(图 4-1)。

a)试验车辆　　　　　　　　b)车辆有限元模型

图 4-1　小型客车试验车辆与有限元模型

表 4-1 为小型客车模型主要有限元参数。

小型客车模型有限元参数　　　　　　　　　表 4-1

项目	数量(个)
节点	41011
壳单元	42185
实体单元	340
梁单元	92

表 4-2 为小型客车模型结构参数。

小型客车模型结构参数　　　　　　　　　表 4-2

车辆参数		数值
车总质量		1.5t
前轮轮距		1.50m
后轮轮距		1.50m
车轴数量		1 驱动轴 +1
车辆重心位置	距前轴距离	1.195m
	距对称轴距离	+0.01m
	距地面距离	0.511m

通过与小型客车碰撞某高防护等级护栏试验结果对比,对小型客车仿真参数准确性进行了验证:图 4-2 为小型客车碰撞护栏仿真与试验对比图,可以看出车辆行驶轨迹、驶出角度、车辆变形、加速度线形的仿真结果与试验结果一致。

表 4-3 为小型客车碰撞护栏仿真与试验对比表,可以看出仿真碰撞结果和试验碰撞结果误差最大为 6.3%,在 10% 以内,验证了仿真模型的准确性和可靠性。

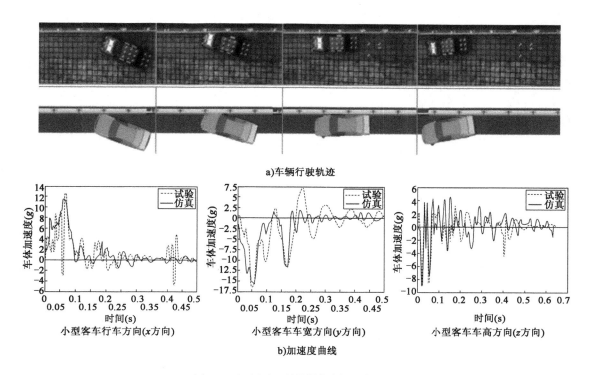

图 4-2 小型客车碰撞护栏仿真与试验对比图

小型客车碰撞结果 表 4-3

参数	评价指标		碰撞结果		
			试验	仿真	误差(%)
防撞性能	禁止车辆穿越、翻越、下穿护栏		符合	符合	—
	碎片不侵入驾驶室		符合	符合	—
驶出角度	小于60%碰撞角度；≤12°		6.6°	7°	6.1
行驶姿态	不发生横转、掉头、翻车		符合	符合	—
动态变形	最大动态变形量≤500mm		0	0	0
加速度	三方向加速度最大值不大于20g	行驶方向	12.7g	11.9g	6.3
		车宽方向	16.7g	16.1g	3.6

②大型客车。

根据试验所用的大型客车,采用拆车方法建立大型客车有限元模型,如图 4-3 所示。表 4-4 为大型客车模型主要有限元参数。表 4-5 为大型客车模型主要结构参数。

a) 试验车辆

b) 车辆有限元模型

图 4-3　大型客车试验车辆与有限元模型

大型客车模型主要有限元参数　　　　　　　　　　　　　　　表 4-4

项目	单元数量(个)	项目	单元数量(个)
节点	75905	弹簧单元	8
壳单元	73634	其他	1134
梁单元	2273		

大型客车模型主要结构参数　　　　　　　　　　　　　　　表 4-5

车型/参数	质量(t)	重心高度(m)	尺寸参数(长×宽×高)(m)
大型客车	10.16	1.2~1.4	11.2×2.4×3.0

通过与某单坡面混凝土护栏大型客车碰撞试验结果对比,对仿真参数准确性进行验证：图 4-4 为大型客车碰撞单坡面混凝土护栏仿真与试验对比图,可以看出车辆行驶轨迹及车辆变形仿真结果与试验结果一致,验证了仿真模型的准确性和可靠性。

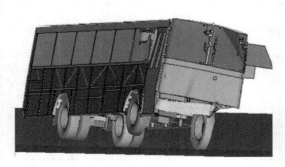

图 4-4　大型客车碰撞单坡面混凝土护栏结果

③大型货车。

根据试验所用大型货车结构尺寸建立的大型货车有限元模型,如图 4-5b)所示。表 4-6 为大型货车模型主要有限元参数。表 4-7 为大型货车模型主要结构参数。

a)试验车辆　　　　　　　　　　　b)车辆有限元模型

图 4-5　大型货车试验车辆与有限元模型

大型货车模型主要有限元参数　　　　　　　　表 4-6

项目	单元数量(个)	项目	单元数量(个)
节点	31149	弹簧单元	32
壳单元	28572	其他(rigidlink 等)	1518
梁单元	60		

大型货车模型主要结构参数　　　　　　　　表 4-7

车型/参数	质量(t)	重心高度(m)	尺寸参数(长×宽×高)(m)
大型货车	10.17	1.41	8.3×2.5×2.9

通过与某高防护等级护栏大型货车碰撞试验结果对比,对仿真参数准确性进行验证:图 4-6 为大型货车碰撞高防护等级护栏仿真与试验对比图,可以看出车辆行驶轨迹、驶出角度、车辆变形仿真结果与试验结果一致,验证了仿真模型的准确性和可靠性。

图 4-6　大型货车碰撞高防护等级护栏的结果对比

(2)护栏模型。

按刚度特征,护栏分为柔性护栏、半刚性护栏、刚性护栏和组合式护栏。钢索是柔性护栏的主要受力构件,采用可扭转的梁单元模拟;半刚性护栏多由薄壁构件组成,采用四边形壳单元模拟;刚性护栏多为混凝土结构,采用六面体模拟;组合式护栏上部为半刚性护栏,下部为刚性护栏,可用四边形壳单元和六面体模拟。

护栏材料属性通过相关材料试验获得,其中可通过 Cowper-Symons 模型模拟材料应变率效应。图 4-7、图 4-8 分别为混凝土性能测试设备与钢铁材料性能测试设备,通过材料试验获得材料仿真参数。采用 LS-DYNA 中 Mat24 号材料卡对护栏钢结构和钢筋仿真材料参数进行定义。

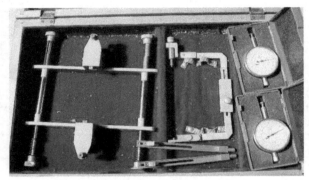

a)TM-2型混凝土弹性模量测定仪　　　　　b)NYL-2000型压力试验机

c)液压式万能试验机　　　d)抗劈裂夹具　　　e)抗折夹具

图 4-7　混凝土性能测试设备

a)分离式Hopkinson压杆设备　　　　　b)冲击后试验样品

图 4-8

c)拉力试验机　　　　　d)波形梁钢板试验样品

图 4-8　钢铁材料性能测试设备

采用 LS-DYNA 中 Mat159 号材料卡对护栏混凝土材料参数进行定义,混凝土和钢筋间采用 *CONSTRAINED_LAGRANGE_IN_SOLID 关键字进行约束,并通过初步试验对仿真材料准确性进行了验证,如图 4-9 所示。

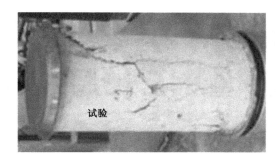
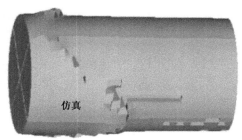

图 4-9　混凝土材料验证

本书主要对隧道入口护栏进行研究开发,下面着重对钢筋混凝土护栏和波形梁护栏仿真模型的准确性和可靠性进行验证。

①基于钢筋混凝土护栏仿真模型验证。

通过 14t 大型客车以速度 80km/h 侧面 20°角碰撞混凝土护栏试验,对钢筋混凝土护栏仿真模型可靠性进行验证。

图 4-10 为碰撞钢筋混凝土护栏分析结果对比图,可见混凝土破坏仿真结果与现实结果吻合,验证了钢筋混凝土护栏模型的准确性和可靠性。

综上所述,钢筋混凝土护栏仿真模型具有较高的准确性和可靠性,为采用该模型对混凝土护栏优化设计研究奠定了基础。

图 4-10　钢筋混凝土护栏结构破坏对比

②基于波形梁护栏碰撞的仿真模型验证。

图 4-11～图 4-13 为三种车型分别碰撞波形梁护栏的仿真与试验过程对比图,可以看出仿真与试验的三种车型行驶姿态基本相同,从车辆行驶姿态角度验证了仿真模型的准确性。

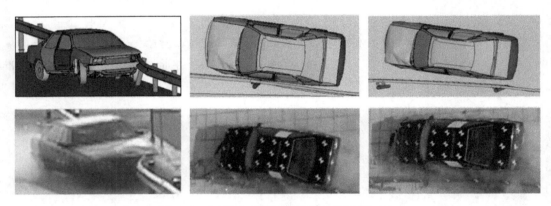

图 4-11　小型客车碰撞波形梁护栏仿真与试验对比

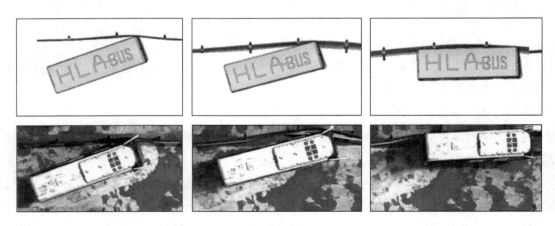

图 4-12　大型客车碰撞波形梁护栏仿真与试验对比

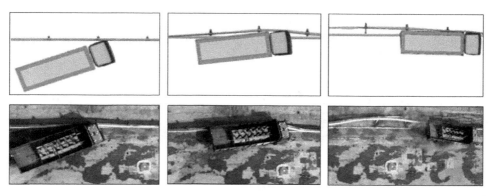

图 4-13　大型货车碰撞波形梁护栏仿真与试验对比

表 4-8 为波形梁护栏缓冲性能技术指标的仿真与试验结果对比,可见缓冲性能指标的仿真值与试验值基本一致,从缓冲性能指标验证了仿真模型的可靠性。

缓冲性能指标的仿真结果与试验结果对比表　　表 4-8

缓冲技术指标	方向	仿真结果	试验结果
乘员碰撞速度(OIV)	纵向	3.4 m/s	3.8 m/s
	横向	5.0 m/s	4.3 m/s
乘员碰撞后加速度(ORA)	纵向	128 m/s^2	112 m/s^2
	横向	135 m/s^2	155 m/s^2

根据波形梁护栏碰撞试验与仿真计算的结果对比,可知波形梁护栏仿真模型具有较高的可靠性。

4.1.1.2　实车足尺碰撞试验技术

实车足尺碰撞试验是目前国际上通用的护栏安全性能评价方法,即通过加速设备将满足一定质量、几何尺寸、重心位置等技术参数要求的试验车辆加速至规定的碰撞速度,以规定的碰撞角度与试验护栏碰撞,根据观测的车体重心处加速度、护栏损坏变形情况、车辆运行轨迹姿态等数据,判断护栏安全性能指标是否满足要求。实车足尺碰撞试验过程中有较大的危险性和不可预见性,必须在具备相应试验检测资质的专用碰撞试验场进行,试验场的试验系统主要由碰撞广场、车辆加速系统和试验检测设备三部分组成。

1) 碰撞广场

碰撞广场是试验护栏安装和试验数据检测的场地。碰撞广场的场地要求宽阔平坦,路面符合公路路面平整度和粗糙度要求,且场地内没有影响试验车辆运行的障碍物。

2) 车辆加速系统

车辆加速系统将试验车辆加速到规定的碰撞速度,并在指定的位置上以规定的角度与标记物相撞。现有公路护栏安全评价系统的车辆加速方法主要有电动牵引法和重力加速法,其中重力加速法又包括坡道加速法和落锤牵引法,如图 4-14 所示为电动牵引加速系统、坡道加速系统和落锤加速系统。

a)电动牵引加速系统

b)坡道加速系统

c)落锤加速系统

图 4-14　车辆加速系统

3)试验检测设备

试验检测设备包括称重设备、测速设备、高速摄像机、数码摄像机、加速度传感器和采集器等,表4-9列出了试验检测设备及测试参数。

试验检测设备及测试参数　　　　　　　　表 4-9

试验检测设备	测试参数	说明
称重设备	车辆总质量、整备质量	实车足尺碰撞试验经验表明,车辆总质量、整备质量和重心位置的参数不同,所测得的车辆重心处加速度、车辆运行轨迹以及护栏最大动态变形值等均有一定差别,因此车辆总质量、整备质量和重心位置需要准确测量和记录。
	车辆重心位置	测量须根据《汽车质量(重量)参数测定方法》(GB/T 12674—1990)和《两轴道路车辆　重心位置的测定》(GB/T 12538—2003)的相关规定执行

续上表

试验检测设备	测试参数	说明
测速设备	车辆速度	测量须根据《公路车辆碰撞实验碰撞速度测量方法》(ISO 3784—76)的相关规定执行
高速摄像机与数码摄像机	护栏变形损坏,车辆运行姿态和轨迹	车辆的运行状态是评价护栏导向功能和阻挡功能的重要指标。试验过程中,主要通过高速摄像机从不同角度记录护栏变形损坏以及车辆的运行状态
	护栏最大横向动态变形值,护栏最大横向动态位移外延值,车辆最大动态外倾值	
加速度传感器和采集器	车辆重心处加速度	车辆重心处加速度是评价护栏缓冲性能的重要数据源。车辆重心处加速度通过车载加速度传感器系统测量。加速度传感器包括纵向加速度传感器和横向加速度传感器,以测试碰撞过程中车辆重心处的纵向和横向加速度。加速度传感器须安装牢固,碰撞过程中不得松动或受到外力冲击

4.1.1.3 BIM 技术

BIM 技术利用数字化技术在计算机中建立一座虚拟的建筑工程信息模型,并且为这个模型提供完整的建筑工程信息库,具有信息完备性、信息关联性、信息一致性、可视化、协调性、模拟性、优化性和可出图性等特点。BIM 信息库不仅包含项目的设计信息,还可以容纳从建造到使用、改造甚至到最终拆除,整个建筑全生命周期的信息,解决建设工程生命周期中的信息创建、信息管理和信息共享问题,以减少在建筑工程生命周期内的无效行为和各种风险。

在公路交通领域,BIM 技术正在逐渐普及,并且其应用越来越广泛和深入,公路护栏同样可应用 BIM 技术进行管理,如护栏模型的可视化展示、施工工序模拟、数字化构件的加工、工程量统计、施工进度追踪以及后期运营养护等。图 4-15 为 BIM 技术在护栏设计建造中的应用示例。

图 4-15 BIM 技术在护栏设计建造中的应用示例

4.1.2 护栏安全性能评价标准的确定

目前规范对于隧道入口位置护栏的安全性能评价标准尚未给出明确规定,同时国外也没有相关资料可供参考借鉴。因此,需通过研究确定满足隧道入口护栏使用功能的安全性能评价标准,为研发和评价隧道入口护栏奠定基础。

4.1.2.1 隧道入口护栏特殊安全防护需求分析

结合典型隧道入口事故(以金丽温隧道入口事故为例),建立高精度计算机仿真模型进行事故再现模拟,找出事故发生原因,为确定隧道入口护栏特殊安全性能指标奠定基础。图 4-16 分别为隧道入口车辆碰撞事故现场与仿真模拟结果,通过对比可见仿真模拟结果与真实事故吻合。

a)隧道入口碰撞事故现场

b)隧道入口仿真模拟结果

图 4-16　隧道入口车辆碰撞事故现场与仿真模拟结果对比

图 4-17 所示为仿真计算得到的隧道入口车辆碰撞过程,可见车辆穿越护栏后碰撞到隧道外壁后被切削,鉴于设置高防护等级护栏可有效降低车辆穿越概率,隧道入口护栏宜尽可能提高其安全防护等级。

图 4-17　隧道入口事故碰撞过程模拟

在隧道入口设置高防护等级混凝土护栏(防护等级达到 HA 级,为目前国内护栏的最高防护等级),采用特大型客车进行碰撞仿真分析,如图 4-18 所示。由图可见,虽然车辆没有穿越混凝土护栏,但是仍然有部分车体正面碰撞了隧道壁,说明仅依靠提高护栏的防护等级并不是完善的技术手段,对隧道入口位置的护栏需要提出特殊安全防护指标要求。

通过对隧道入口设置高防护等级混凝土护栏仍发生严重事故后果的过程进行分析,可以看出车辆碰撞隧道入口处护栏时,会发生较大侧倾,导致事故车辆部分结构与隧道壁发生正面碰撞,从而引发较大事故损失,如图 4-19 所示。

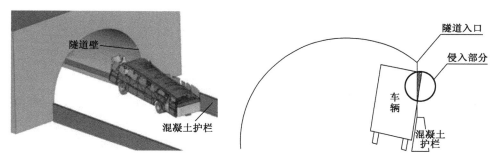

图 4-18　高防护等级护栏隧道入口事故形态　　图 4-19　事故车辆碰撞护栏在隧道入口发生侧倾示意图

综合以上分析,确定隧道入口处护栏结构应满足以下特殊安全防护需求:

①护栏结构应具有较高等级防护能力,防护等级宜达到《公路交通安全设施设计细则》(JTG/T D81—2017)规定的 SB 级以上;

②护栏结构应具有较好的防侧倾功能,尽可能降低车辆部分结构正面碰撞隧道壁的概率。

4.1.2.2　隧道入口护栏特殊安全防护指标

在对隧道入口护栏特殊安全防护需求分析的基础上,研究确定隧道入口护栏碰撞条件与安全性能评价标准。

1)碰撞条件研究

隧道入口护栏的碰撞条件主要包括碰撞参数组成与碰撞点位置两部分。

碰撞参数包括车型、车重、车速、碰撞角度四大因素,在碰撞车型中包含小型客车、大型客车、整体式货车或鞍式货车,考虑小型客车车体高度小,且碰撞时护栏最大横向动态变形值较小,而大型客车和货车车体较高,碰撞时护栏最大横向动态变形值较大,更容易出现碰撞接近隧道壁位置护栏时在隧道壁处绊阻的情况(图 4-18),因此从较不利角度出发,选取最有可能造成群死群伤恶性事故的大型客车车型对隧道入口护栏进行安全性能验证,确保隧道入口护栏各项设计参数满足《公路交通安全设施设计细则》(JTG/T D81—2017)规定,如表 4-10 所示为隧道入口处护栏试验碰撞条件。

隧道入口处护栏试验碰撞条件　　　　　表 4-10

防护等级	试验车型	车辆质量(t)	碰撞速度(km/h)	碰撞角度(°)
SA	大型客车	14	80	20
SS	大型客车	18	80	20
HA	特大型客车	25	85	20

对于碰撞点位置,由于隧道入口护栏是路侧护栏向隧道壁位置过渡的一种护栏过渡段,考虑车辆碰撞接近隧道壁位置护栏时直接与隧道壁和检修道发生正面碰撞的可能性最大,因此将接近隧道壁位置作为重点检验对象(图 4-20),采用计算机仿真对碰撞点距入口处不同距离进行碰撞分析,确定较不利位置,作为实车足尺碰撞试验碰撞点位置。

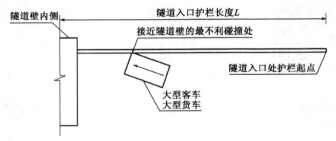

图 4-20　隧道入口处护栏碰撞点

2)安全性能评价标准

根据《公路护栏安全性能评价标准》(JTG B05-01—2013,以下简称《评价标准》)中第 4.1 节对护栏过渡段安全性能评价指标的规定,隧道入口护栏的安全性能评价指标包括阻挡功能、缓冲功能和导向功能:

(1)阻挡功能指护栏应阻挡车辆穿越、翻越和骑跨,护栏构件及其脱离碎片不得侵入车辆乘员舱;

(2)缓冲功能指乘员碰撞速度的纵向与横向分量均不得大于 12m/s,乘员碰撞后加速度的纵向与横向分量均不得大于 $200m/s^2$;

(3)导向功能指车辆碰撞护栏后不得翻车,运行轨迹在图 4-21(《评价标准》中图 4.1.3)所示的导向驶出框内不得越过直线 F,其中参数 A 和 B 的取值规定如表 4-11 所示。

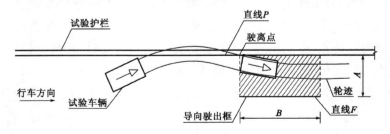

图 4-21　车辆运行轨迹要求

注:1.直线 P 为试验护栏碰撞前迎撞面最内边缘的地面投影线;
　　2.直线 F 与直线 P 平行且间距为 A;
　　3.直线 F 的起点位于驶离点在直线 F 上的投影点,长度为 B。

参数 A 和 B 的取值 表 4-11

碰撞车型	A (m)	B (m)
小型客车	$2.2 + V_w + 0.16 V_L$	10
大中型客车 大中型货车	$4.4 + V_w + 0.16 V_L$	20

注：表中 V_w 代表车辆总宽，V_L 代表车辆总长。

由于隧道入口位置自身具有特殊性，该位置护栏安全性能评价指标还应包括车辆碰撞护栏时的侧倾指标，车辆侧倾越小，越有利于减少车辆撞击隧道壁的风险。隧道壁与建筑限界的距离是隧道入口护栏安全性能评价的关键参数，隧道壁与建筑限界的距离越小，对于车辆安全越不利，依据某隧道工程中的较不利尺寸参数（图 4-22），按照《中华人民共和国道路交通安全法实施条例》规定的车辆限高最大值 4.2m 计算，车辆最大动态外倾当量值 VI_n 应不超过 0.69m。基于此对护栏减少车辆侧倾、降低车辆部分结构正面碰撞隧道壁概率的功能进行评价。

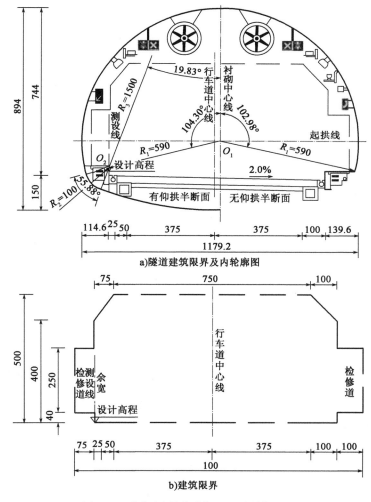

图 4-22 隧道壁和检修道位置（尺寸单位：cm）

4.1.3 护栏结构设计研究

4.1.3.1 护栏形式选择

根据《设计规范》第6.2.16条与第6.2.17条规定:选择护栏形式时,应首先考虑护栏受碰撞后的变形量,路侧或中央分隔带护栏距其防护的障碍物的距离,应大于护栏最大横向动态位移外延值(W)或车辆最大动态外倾当量值(VI_n);护栏最大横向动态位移外延值(W)或车辆最大动态外倾当量值(VI_n)的选择应根据防护车型和障碍物来确定,当防护的障碍物低于护栏高度时,宜选择护栏最大横向动态位移外延值(W),当防护的障碍物高于护栏高度、公路主要行驶车型为大型车辆时,应选择车辆最大动态外倾当量值(VI_n)。

结合某高速公路所在通道基年交通量的车型构成、客货车增长趋势,同时参考同类已建项目的车型构成(如京港澳高速公路、粤赣高速公路),得到车型比例预测结果见表4-12,可见大型车辆约占60%以上(包含大中型货车、拖挂车和大型客车)。同时对于隧道位置防护,属于障碍物(隧道壁)高于护栏的情况,根据《公路交通安全设施设计细则》(JTG/T D81—2017)规定隧道入口护栏形式选择时,应选择车辆最大动态外倾当量值(VI_n)作为确定护栏结构的重要指标,须满足车辆最大动态外倾当量值(VI_n)小于护栏面距隧道壁的距离。

各特征年车型比例预测结果(绝对数) 表4-12

年份	小型货车	中型货车	大型货车	拖挂车	小型客车	大型客车
2020年	4.7%	10.5%	22.7%	26.3%	26%	10%
2025年	4.0%	9.2%	23.1%	26.9%	26.5%	10.3%
2030年	3.4%	8.1%	23.5%	27.5%	26.9%	10.5%
2039年	2.6%	6.4%	24.2%	28.4%	27.5%	10.9%
2044年	2.2%	5.6%	24.4%	28.9%	27.8%	11.1%

隧道入口护栏宜采用高防护等级护栏形式,目前国内外使用的高防护等级护栏的结构形式包括混凝土墙体式、金属梁柱式等,如图4-23所示。其中混凝土墙体式护栏刚度大,在相同碰撞条件下,护栏的最大横向动态位移外延值(W)较小,车辆最大动态外倾当量值(VI_n)也较小;金属梁柱式护栏为半刚性护栏,一般为强梁强柱结构,车辆碰撞后结构会有一定变形,但车辆最大动态外倾当量值(VI_n)小。可见两种形式护栏的车辆最大动态外倾当量值(VI_n)较小,有利于避免车辆碰撞接近隧道位置护栏时与隧道壁或检修道产生绊阻,因此混凝土墙体式护栏与金属梁柱式护栏均可适用于隧道入口处的安全防护。

考虑到一些隧道洞口处可能设置配电房或隧道管理站等房屋建筑,这种特殊情况下需要护栏兼具安全与方便移动开启功能,可选择安全防撞活动护栏结构形式。

综上分析,隧道入口处护栏形式可选择混凝土墙体式护栏、金属梁柱式护栏,对于需要护栏开启移动的特殊位置,可选择具有可开启移动功能的防撞活动护栏形式。护栏具体结构设计需要结合项目实际情况,通过研究给出满足要求的护栏方案。

a)混凝土墙体式护栏

b)金属梁柱式护栏

图 4-23　高防护等级护栏结构形式

4.1.3.2　护栏结构设计

针对隧道入口处护栏设计,在《设计规范》与《设计细则》中给出了两种推荐结构,即在隧道洞口处设置与检修道断面相匹配的混凝土过渡翼墙,用来实现路侧护栏与隧道壁的平顺过渡,减少车辆绊阻。在《设计规范》中,对于路侧使用波形梁护栏的情况,《设计细则》附录 C 中图 C. 2. 16a)给出隧道入口处护栏端部处理结构示例,如图 1-17a)所示,过渡段护栏由长度为 6m 的混凝土过渡翼墙加渐变段范围内的波形梁护栏组成;对于路侧使用混凝土护栏的情况,《设计细则》附录 C 中图 C. 2. 16b)也给出隧道入口处护栏端部处理结构示例,如图 1-17b)所示,过渡段护栏由长度为 3m 的混凝土过渡翼墙加渐变段范围内的混凝土护栏组成。过渡段护栏的渐变率均按《设计细则》中表 6. 2. 2-2 的规定值进行设置(表 4-13)。

护栏端部外展斜率(《设计细则》表 6.2.2-2)　　　　表 4-13

设计速度(km/h)	刚性护栏	半刚性护栏
120	1:22	1:17
100	1:18	1:14
80	1:14	1:11
60	1:10	1:8

《设计细则》所给隧道入口处护栏端部处理结构均是以 A 级护栏(波形梁护栏与混凝土护栏)为例来说明隧道入口处的端部处理方法,而对于其他等级护栏仅指出应对过渡翼墙的规格进行相应变化,对于护栏基础处理仅指出可参照《设计细则》相关规定设置,可见其均未给出具体的规定。同时《设计细则》所给隧道入口处护栏设计采用从洞口起始端进行外展渐变,车辆一旦在靠近洞口位置发生碰撞护栏的事故,由于碰撞角度较大(相比护栏不外展),将大大增加事故车辆受到隧道壁绊阻的概率和事故严重度,对车上乘员极为不利,因此相对更安全合理的布置方式是护栏纵向沿检修道边线延长线采用一定距离的直线段布置,然后再按《设计规范》要求的渐变率进行外展处理(图 4-24),这种方式一定程度上可有效降低车辆在接近

洞口处与隧道壁发生碰撞的风险。

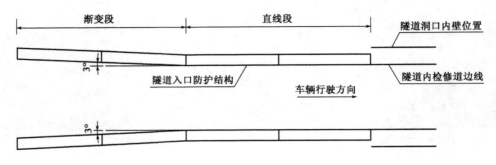

图4-24 隧道入口处护栏布设示意图

基于以上分析,考虑实际工程中隧道入口处多种工况条件,如路基与隧道相接、桥梁与隧道相接、桥梁-短路基(小于标准渐变段长度)-隧道的组合,以及隧道洞口路侧或中央分隔带设置有配电房或管理站等房屋建筑的情况。为满足隧道入口位置不同设置条件下的安全防护需求,在参考《设计细则》的基础上,研究提出多种适用于隧道入口处的护栏结构设计,包含几种高防护等级(SA级、SS级和HA级)混凝土护栏和金属梁柱式护栏,以及方便开启和移动的防撞活动护栏。

1) 混凝土形式隧道入口护栏设计研究

(1) 路基与隧道相接情况隧道入口护栏设计。

①方案设计。

隧道入口处护栏由6m长直线段过渡翼墙,以及6m长渐变段过渡翼墙加渐变段范围内的波形梁护栏组成。

直线段与渐变段的翼墙采用C30混凝土现浇,直线段翼墙设计高度在参考《设计规范》中混凝土护栏高度有关规定(《设计规范》中表6.3.4-3)的基础上,提升0.1m以利于减小车辆侧倾,即SA级设计高度为1.1m,SS级设计高度为1.2m,HA级设计高度为1.4m;渐变段翼墙设计高度由直线段翼墙高度渐变至与路基波形梁护栏高度相匹配(高度渐变段距离为5m);翼墙统一采用直壁式坡面,设计宽度均为0.35m。翼墙采用钢管桩基础$\phi140 \times 4.5mm$,桩基础总长1m,埋深0.75m,横向间距1m,遇洞口石方区或难以打入的路段,可调整为开挖埋桩或钻孔安装,桩基础布置时为避开管线、排水沟等障碍物,横向间距可做适当调整,但桩基础总数应满足设计图纸要求。渐变段波形梁护栏按照设计图纸要求进行设置。如图4-25所示为路基与隧道相接情况隧道入口处护栏设计方案示例。

②安全性能评估。

建立上述三种防护等级隧道入口护栏方案的高精度计算机仿真模型,采用前面确定的碰撞条件和安全性能评价标准,对设计方案的安全性能进行评估。

a. 最不利碰撞点位置确定。

首先确定车辆碰撞接近隧道壁的最不利碰撞点。将碰撞点逐渐接近隧道入口处,碰撞点距入口处距离分别取 1.5m、1.75m、2m、…、3m、3.25m、3.5m、3.75m、4m，观测车辆上部右前角进入隧道瞬间与隧道壁之间的距离为 D（图 4-26），当距离 D 最小时，车辆与隧道壁发生碰撞或剐蹭的可能性最大，此时碰撞点位置即为最不利碰撞点。

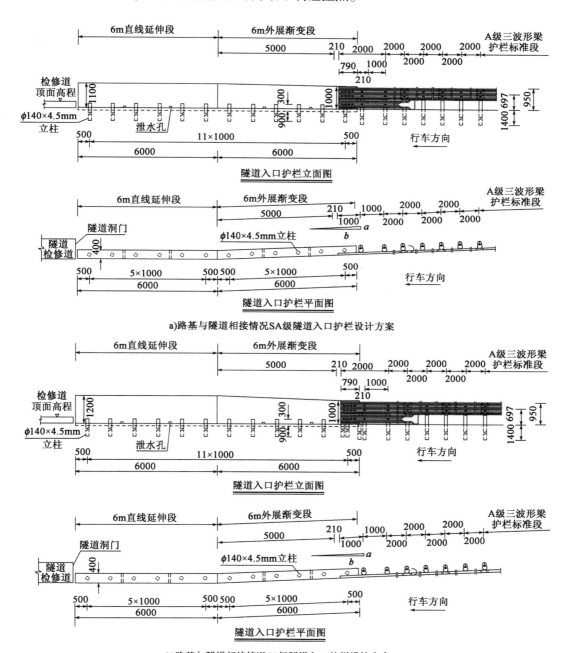

a) 路基与隧道相接情况 SA 级隧道入口护栏设计方案

b) 路基与隧道相接情况 SS 级隧道入口护栏设计方案

图 4-25

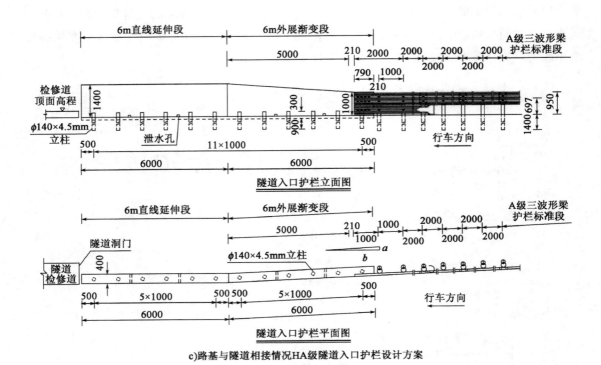

c) 路基与隧道相接情况HA级隧道入口护栏设计方案

图 4-25　路基与隧道相接情况隧道入口处护栏设计方案示例（尺寸单位：mm）

图 4-26　最不利碰撞点位置的确定(1)

根据计算结果发现，当大型客车车体中心延长线正对护栏与隧道衔接位置时，大型客车进入隧道瞬间与隧道壁之间距离 D 最小。因此，确定该位置为最不利碰撞点位置，如图 4-27 所示。

b. 评估结果。

图 4-28a)、图 4-28b) 和图 4-28c) 分别为车辆碰撞 SA 级、SS 级和 HA 级隧道入口护栏方案最不利碰撞点位置后的运行姿态（t 为不同碰撞时刻），可见车辆没有穿越、翻越和骑跨护栏，护栏构件及其脱离件没有侵入车辆乘员舱，车辆碰撞后没有翻车或出现由于较大侧倾与隧道壁碰撞现象，顺利导出并驶入隧道内（图 4-29）。

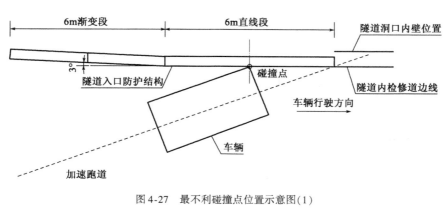

图 4-27 最不利碰撞点位置示意图(1)

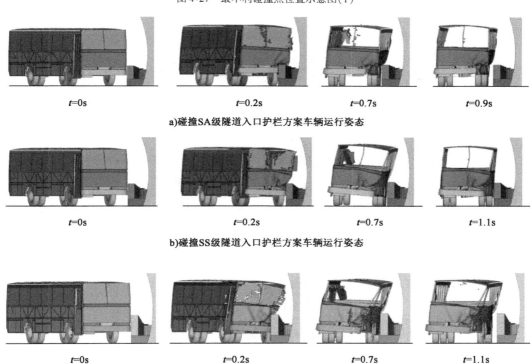

图 4-28 车辆运行姿态(1)

图 4-30a)、图 4-30b)和图 4-30c)分别为车辆碰撞 SA 级、SS 级和 HA 级隧道入口护栏方案最不利碰撞点位置后的运行轨迹,均满足《评价标准》的导向驶出框要求。

综上所述,对于路基与隧道相接情况隧道入口护栏设计方案,大型客车碰撞接近隧道壁的最不利位置的碰撞结果均满足安全性能评价指标要求。

(2)桥梁与隧道相接情况隧道入口护栏设计。

①方案设计。

桥梁与隧道相接过渡段包含桥与隧道相接、桥-短路基(小于标准渐变段长度)-隧道相接两种情况。隧道入口处护栏由6m长直线段过渡翼墙,以及3m长渐变段过渡翼墙加渐变段范围内的混凝土护栏组成。

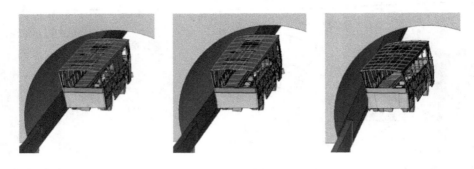

图4-29 车辆顺利驶入隧道内(1)

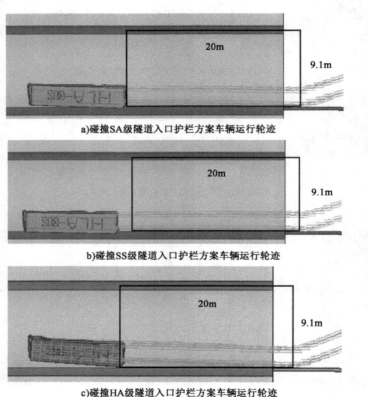

a)碰撞SA级隧道入口护栏方案车辆运行轮迹

b)碰撞SS级隧道入口护栏方案车辆运行轮迹

c)碰撞HA级隧道入口护栏方案车辆运行轮迹

图4-30 车辆运行轮迹(1)

直线段与渐变段的翼墙采用C30混凝土现浇,直线段翼墙采用直壁式坡面,设计宽度0.35m,设计高度在参考《设计规范》中混凝土护栏高度有关规定(《设计规范》中表6.3.4-3)的基础上,提升0.1m以利于减小车辆侧倾,即SA级设计高度为1.1m,SS级设计高度为1.2m,HA级设计高度为1.4m;渐变段翼墙截面由竖直立面均匀渐变为F型混凝土护栏防撞面,翼墙与相邻段混凝土护栏之间应采用《设计细则》规定的纵向连接钢筋方式可靠连接。桥梁紧邻隧道洞口的情况采用嵌固式基础,嵌固槽深度≥10cm。桥、隧间有短路基(长度≥3m)的情况采用钢管桩基础$\phi 140 \times 4.5$mm,桩基础总长1m,埋深0.75m,横向间距1m,遇洞口石方区或打入困难的路段,可调整为钻孔安装或开挖埋桩,桩基础布设时为避开管线、排水沟等障碍物,横向间距可适当调整,但桩基础总数应满足设计图纸要求。除翼墙外的过渡段混凝土护栏按照《设计细则》中F型混凝土护栏的构造要求设计,选取防护等级时应大于或等于相邻桥梁护栏的防护等级。过渡段护栏上游端部与桥梁护栏衔接处采用钢板连接,桥梁护栏与过渡段护栏之间满铺10cm厚素混凝土层,并封堵护栏,内填0.8m高细沙。图4-31所示为桥梁与隧道相接情况隧道入口护栏设计方案示例。

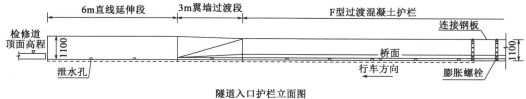

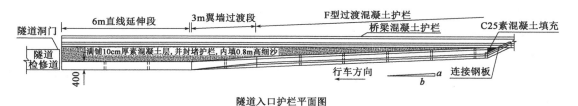

a) 桥梁与隧道相接情况SA级隧道入口处护栏设计方案

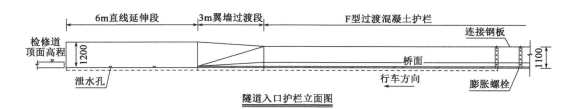

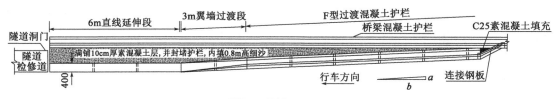

b) 桥梁与隧道相接情况SS级隧道入口处护栏设计方案

图 4-31

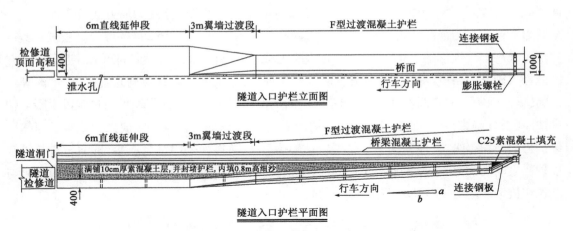

c) 桥梁与隧道相接情况HA级隧道入口处护栏设计方案

图4-31 桥梁与隧道相接情况隧道入口处护栏设计方案示例(尺寸单位:mm)

②安全性能评估。

建立上述三种防护等级隧道入口护栏方案的高精度计算机仿真模型,采用前面确定的碰撞条件和安全性能评价标准,对设计方案的安全性能进行评估。

a. 最不利碰撞点位置确定。

采用前面相同方法确定车辆碰撞接近隧道壁的最不利碰撞点,根据计算结果,当大型客车车体中心延长线正对护栏与隧道衔接位置时,大型客车上部右前角进入隧道瞬间与隧道壁之间的距离 D 最小。因此,确定该位置为最不利碰撞点位置。

b. 评估结果。

图4-32a)、图4-32b)和图4-32c)分别为车辆碰撞SA级、SS级和HA级隧道入口护栏方案最不利碰撞点位置后的运行姿态(t 为不同碰撞时刻),可见车辆没有穿越、翻越和骑跨护栏,护栏构件及其脱离件没有侵入车辆乘员舱,车辆碰撞后没有翻车或出现由于较大侧倾与隧道壁碰撞现象,顺利导出并驶入隧道内(图4-33)。

图4-34a)、图4-34b)和图4-34c)分别为车辆碰撞SA级、SS级和HA级隧道入口护栏方案最不利碰撞点位置后的运行轨迹,均满足《评价标准》的导向驶出框要求。

综上所述,对于桥梁与隧道相接情况隧道入口护栏设计方案,大型客车碰撞接近隧道壁的最不利位置的碰撞结果均满足安全性能评价指标要求。

2)金属梁柱式隧道入口护栏设计研究

金属梁柱式护栏相比同等防护等级的混凝土护栏,具有质量轻、方便施工的优点。近年来,一些新型高防护等级金属梁柱式护栏通过碰撞试验验证了其安全性能,可为隧道入口护栏设计与研发提供有力的数据支撑。

(1)已有研究成果——SA级与SS级金属梁柱式护栏。

图4-35a)和图4-35b)分别为SA级、SS级金属梁柱式护栏基本结构。

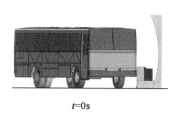  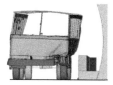

a) 碰撞SA级隧道入口护栏方案车辆运行姿态

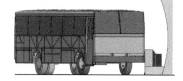   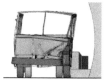

b) 碰撞SS级隧道入口护栏方案车辆运行姿态

 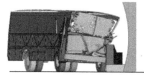  

c) 碰撞HA级隧道入口护栏方案车辆运行姿态

图 4-32 车辆运行姿态(2)

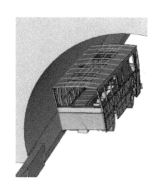 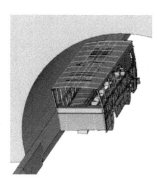 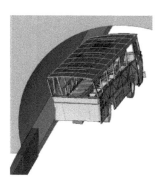

图 4-33 车辆顺利驶入隧道内(2)

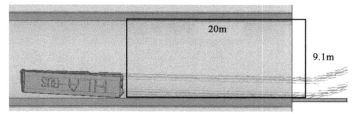

a) 碰撞SA级隧道入口护栏方案车辆运行轨迹

图 4-34

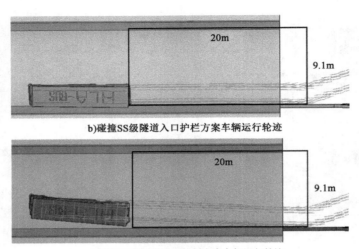

b)碰撞SS级隧道入口护栏方案车辆运行轨迹

c)碰撞HA级隧道入口护栏方案车辆运行轨迹

图 4-34　车辆运行轨迹(2)

①护栏地面以上有效高度 SA 级为 1.4m、SS 级为 1.5m;

②金属梁柱结构由横梁、立柱组成,横梁呈四排分布,SA 级上横梁断面为 160mm(长)×120mm(宽)×6mm(厚),SS 级上横梁断面为 160mm(长)×120mm(宽)×8mm(厚),SA 级和 SS 级下横梁断面均为 160mm(长)×120mm(宽)×4mm(厚),横梁布置如图 4-35 所示;

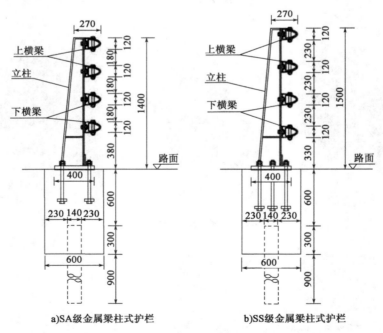

a)SA级金属梁柱式护栏　　　　　　b)SS级金属梁柱式护栏

图 4-35　高防护等级金属梁柱式护栏成果(尺寸单位:mm)

③立柱为斜 H 形,由 Q345B 材质钢板焊接而成,立柱翼板与顶部盖板厚度均为 12mm,腹板厚度为 10mm,立柱中心线间距为 2m;

④地脚螺栓采用不低于8.8级的M30螺栓；
⑤立柱与横梁之间、横梁内外套管之间螺栓型号为10.9级M22。

上述两种防护等级金属梁柱式护栏根据《评价标准》要求，通过了实车足尺碰撞试验验证，主要试验结果如下：

图4-36为小型客车碰撞护栏行驶轨迹图，可见小型客车碰撞护栏后平稳驶出，并恢复到正常行驶姿态，小型客车没有穿越、翻越或骑跨护栏，试验护栏构件及脱离件没有侵入车辆乘员舱。

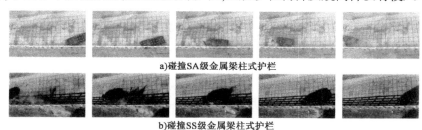

图4-36 小型客车碰撞护栏行驶轨迹图

图4-37为小型客车乘员横向与纵向碰撞后加速度原始数据曲线，对加速度数据进行滤波处理后，乘员碰撞后纵向与横向加速度10ms平均值的最大值均小于200m/s²，乘员纵向与横向碰撞速度均小于12m/s。

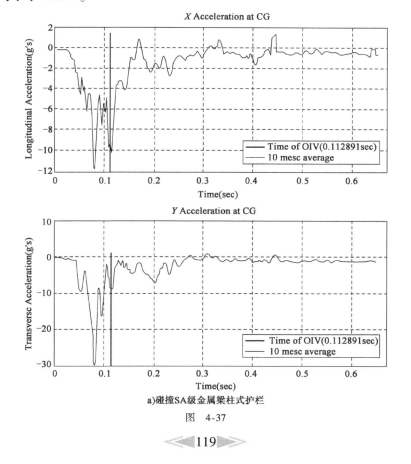

a)碰撞SA级金属梁柱式护栏

图 4-37

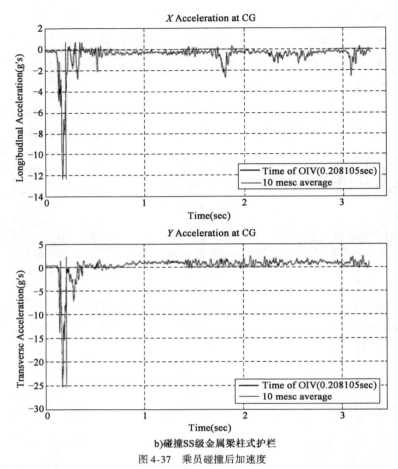

b)碰撞SS级金属梁柱式护栏

图4-37 乘员碰撞后加速度

注:各分图纵坐标物理量为乘员碰撞后加速度(g);横坐标物理量为时间(s);X Acceleration at CG 表示车辆重心处 X 方向加速度;Y Acceleration at CG 表示车辆重心处 Y 方向加速度;曲线图例 Time of OIV 表示在一定的乘员碰撞速度对应的碰撞时刻;10 msec average 表示10ms平均值

图4-38为小型客车导向驶出框,可见小型客车在10m内没有越过边界线。

图4-39为小型客车碰撞后护栏和车辆变形图,可以看出护栏没有明显变形,无结构性损坏;车辆发动机舱盖变形损坏,车辆乘员舱保持完整,说明护栏结构能够对乘员形成良好保护。

图4-40为大型客车碰撞护栏行驶轨迹图,可见大型客车碰撞护栏后平稳驶出,并恢复到正常行驶姿态,大型客车没有穿越、翻越和骑跨护栏,试验护栏构件及脱离件没有侵入车辆乘员舱。

图4-41为大型客车导向驶出框,可以看出大型客车在20m内没有越过边界线。

图4-42为大型客车碰撞后护栏和车辆变形图,护栏整体结构没有损坏,车辆前保险杠左前角破损并部分脱落。

图4-43为整体式货车碰撞护栏行驶轨迹图,可见整体式货车碰撞护栏后平稳驶出,并恢复到正常行驶姿态,整体式货车没有穿越、翻越和骑跨护栏,试验护栏构件及脱离件没有侵入车辆乘员舱。

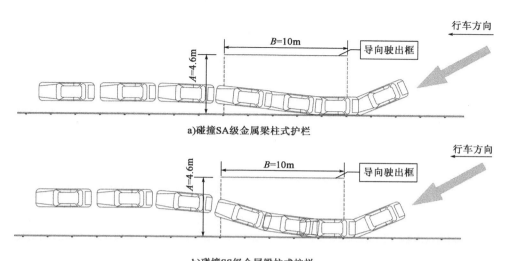

a) 碰撞SA级金属梁柱式护栏

b) 碰撞SS级金属梁柱式护栏

图 4-38 小型客车导向驶出框

a) 碰撞SA级金属梁柱式护栏

b) 碰撞SS级金属梁柱式护栏

图 4-39 小型客车碰撞后护栏和车辆变形图

a) 碰撞SA级金属梁柱式护栏

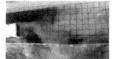

b) 碰撞SS级金属梁柱式护栏

图 4-40 大客车碰撞护栏行驶轨迹图

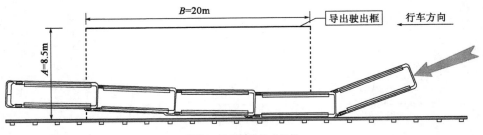

a)碰撞SA级金属梁柱式护栏

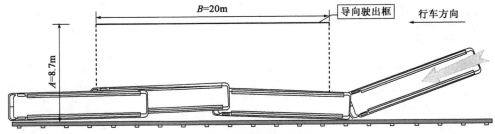

b)碰撞SS级金属梁柱式护栏

图 4-41　大型客车导向驶出框

a)碰撞SA级金属梁柱式护栏

b)碰撞SS级金属梁柱式护栏

图 4-42　大型客车碰撞后护栏和车辆变形图

a)碰撞SA级金属梁柱式护栏

b)碰撞SS级金属梁柱式护栏

图 4-43　整体式货车碰撞护栏行驶轨迹图

图 4-44 为整体式货车导向驶出框,可以看出整体式货车在 20m 内没有越过边界线。

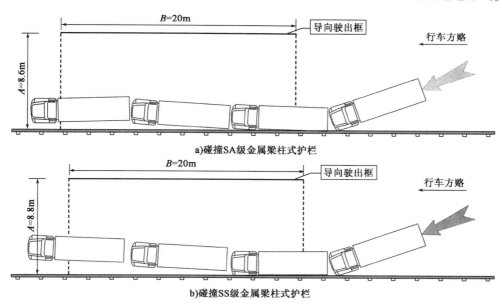

图 4-44 整体式货车导向驶出框

图 4-45 为整体式货车碰撞后护栏和车辆变形图,可以看出护栏整体结构没有损坏,货车前保险杠脱落。

a)碰撞SA级金属梁柱式护栏

b)碰撞SS级金属梁柱式护栏

图 4-45 整体式货车碰撞后护栏和车辆变形图

通过实车碰撞试验验证,可见 SA 级与 SS 级金属梁柱式护栏的安全性能各项指标均满足《评价标准》要求,如表 4-14 和表 4-15 所示。

车辆碰撞 SA 级金属梁柱式护栏各项指标与评价标准对比表　　　　　　表 4-14

评价项目			小型客车		大型客车		大型货车	
			测试结果	是否合格	测试结果	是否合格	测试结果	是否合格
阻挡功能	车辆是否穿越、翻越和骑跨试验护栏		否	合格	否	合格	否	合格
	试验护栏构件及其脱离件是否侵入车辆乘员舱		否	合格	否	合格	否	合格
导向功能	车辆碰撞后是否翻车		否	合格	否	合格	否	合格
	车辆碰撞后的轮迹是否满足导向驶出框要求		满足	合格	满足	合格	满足	合格
缓冲功能	乘员碰撞速度(m/s)	纵向	4.3	合格	—	—	—	—
		横向	8.3	合格	—	—	—	—
	乘员碰撞后加速度(m/s^2)	纵向	78.4	合格	—	—	—	—
		横向	67.6	合格	—	—	—	—
护栏最大横向动态变形值 D(mm)			0		240		200	
护栏最大横向动态位移外延值 W(mm)			20		400		200	
车辆最大动态外倾值 VI(mm)			—		320		300	
车辆最大动态外倾当量值 VI$_n$(mm)			—		520		420	

车辆碰撞 SS 级金属梁柱式护栏各项指标与评价标准对比表　　　　　　表 4-15

评价项目			小型客车		大型客车		大型货车	
			测试结果	是否合格	测试结果	是否合格	测试结果	是否合格
阻挡功能	车辆是否穿越、翻越和骑跨试验护栏		否	合格	否	合格	否	合格
阻挡功能	试验护栏构件及其脱离件是否侵入车辆乘员舱		否	合格	否	合格	否	合格
导向功能	车辆碰撞后是否翻车		否	合格	否	合格	否	合格
	车辆碰撞后的轮迹是否满足导向驶出框要求		满足	合格	满足	合格	满足	合格
缓冲功能	乘员碰撞速度(m/s)	纵向	5.1	合格	—	—	—	—
		横向	8.4	合格	—	—	—	—
	乘员碰撞后加速度(m/s^2)	纵向	37.3	合格	—	—	—	—
		横向	70.6	合格	—	—	—	—
护栏最大横向动态变形值 D(mm)			0		280		140	
护栏最大横向动态位移外延值 W(mm)			520		520		520	
车辆最大动态外倾值 VI(mm)			—		250		280	
车辆最大动态外倾当量值 VI$_n$(mm)			—		380		410	

根据表 4-14 中试验数据可知,大型客车与大型货车的车辆最大动态外倾当量值 VI$_n$ 分别为 520mm、420mm;根据表 4-15 中试验数据可知,大型客车与大型货车的车辆最大动态外倾

量值 VI_n 分别为 380mm、410mm。可见它们的侧倾量较小,均小于《评价标准》要求的限值 690mm,在一定程度上可有效降低车辆碰撞护栏后发生侧倾撞击隧道壁的风险,因此这两种防护等级的护栏均可作为隧道入口处金属梁柱式护栏设置,如图 4-46、图 4-47 所示。

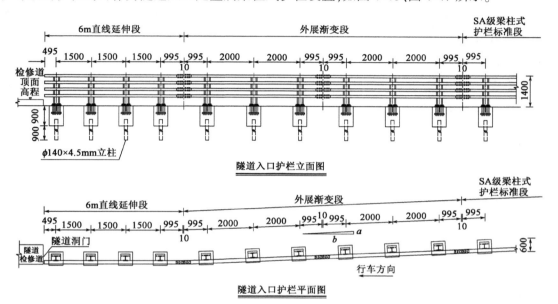

图 4-46 SA 级金属梁柱式隧道入口处护栏设计方案示例(尺寸单位:mm)

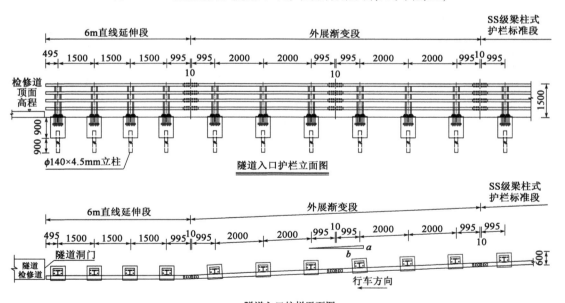

图 4-47 SS 级金属梁柱式隧道入口处护栏设计方案示例(尺寸单位:mm)

(2) HA 级金属梁柱式隧道入口护栏设计研究。

为满足隧道入口更高等级安全防护需求,基于已有研究成果,通过研究提出 HA 级金属梁柱式隧道入口护栏设计方案。

①初步设计。

在 SS 级金属梁柱式护栏结构的基础上,通过加密立柱和加强横梁得到 HA 级金属梁柱式隧道入口护栏初步设计:将立柱间距调整为 1.5m,横梁采用抗弯性能更强的矩形管横梁,上部双横梁断面为 160mm(宽)×120mm(高)×6mm(厚),下部双横梁断面为 160mm(宽)×120mm(高)×4mm(厚)。针对该设计结构建立高精度计算机仿真模型,对其安全防护性能进行验证分析,如图 4-48 所示,可见车辆碰撞后护栏变形严重,没有起到较好的导向功能,车辆骑跨检修道撞向隧道壁。

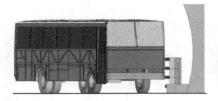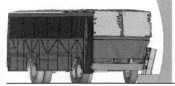

图 4-48　初步设计方案车辆运行姿态

基于上述结构在护栏端部添加斜撑进行锚固,通过计算机仿真分析,可见效果仍然不佳,车辆碰撞护栏过程姿态较差,发生很大侧倾,护栏损坏变形较严重,如图 4-49 所示。

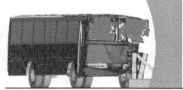

a)车辆运行姿态

b)护栏变形

图 4-49　初步设计方案加固后仿真分析结果

②优化加强设计方案。

通过以上仿真计算分析,可以看出初步设计的结构强度较弱,根据护栏研发经验,需对横梁进行有效加强,提出设置双排四层矩形钢管横梁的设计,同时在护栏端部(靠近隧道洞口端)添加斜撑进行锚固,图4-50为优化加强后的HA级金属梁柱式护栏基本结构。

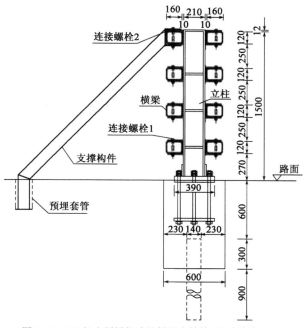

图4-50 HA级金属梁柱式护栏基本结构(尺寸单位:mm)

a. 护栏地面以上有效高度为1.5m;

b. 横梁呈双排四层分布,横梁断面为160mm(长)×120mm(宽)×6mm(厚),横梁布置如图4-51所示;

图4-51 最不利碰撞点位置的确定(2)

c. 立柱为H形,由Q345B材质钢板焊接而成,立柱翼板与顶部盖板厚度均为12mm,腹板厚度为10mm,立柱中心线间距为1.5m;

d. 支撑构件为110mm×110mm×12mm方形管,长2393mm;

e. 地脚螺栓采用不低于8.8级的M30螺栓；

f. 立柱与横梁之间、横梁内外套管之间螺栓型号为10.9级M1。

③安全性能评估。

建立上述HA级金属梁柱式隧道入口护栏设计方案的高精度计算机仿真模型，采用前面确定的碰撞条件和安全性能评价标准，对设计方案的安全性能进行评估。

a. 最不利碰撞点位置确定。

首先确定车辆碰撞接近隧道壁的最不利碰撞点。采用前面相同方法，将碰撞点逐渐接近隧道入口处，碰撞点距入口处距离分别取1.5m、1.75m、2m、…、3m、3.25m、3.5m、3.75m、4m，观测车辆上部右前角进入隧道瞬间与隧道壁之间的距离为D（图4-51），当距离D最小时，车辆与隧道壁发生碰撞或剐蹭的可能性最大，此时碰撞点位置即为最不利碰撞点。

根据计算结果发现，当大型客车车体中心延长线正对护栏与隧道衔接位置时，大型客车进入隧道瞬间与隧道壁之间的距离D最小，因此确定该位置为最不利碰撞点位置，如图4-52所示。

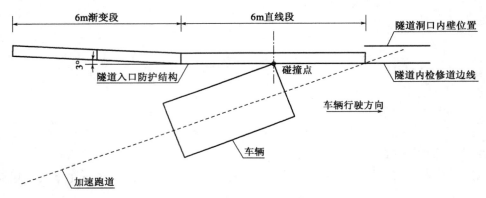

图4-52 最不利碰撞点位置示意图(2)

b. 评估结果。

图4-53为车辆碰撞HA级金属梁柱式护栏方案最不利碰撞点位置后的运行姿态（t为不同碰撞时刻），可见车辆没有穿越、翻越和骑跨护栏，护栏构件及其脱离件没有侵入车辆乘员舱，车辆碰撞后没有翻车或出现由于较大侧倾与隧道壁碰撞现象，顺利导出并驶入隧道内（图4-54）。

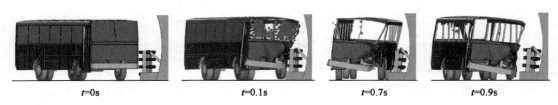

图4-53 车辆运行姿态(3)

图 4-55 为车辆碰撞 HA 级金属梁柱式护栏方案最不利碰撞点位置后的运行轨迹,满足《评价标准》的导向驶出框要求。

图 4-54 车辆顺利驶入隧道内(3)

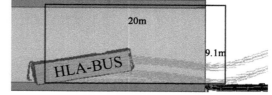

图 4-55 车辆运行轨迹(3)

综上所述,对于 HA 级金属梁柱式护栏方案,大型客车碰撞接近隧道壁的最不利位置的仿真结果满足安全性能评价指标要求,且通过实车碰撞试验验证,护栏安全性能满足《评价标准》要求,可作为 HA 级隧道入口处金属梁柱式护栏设置,如图 4-56 所示。

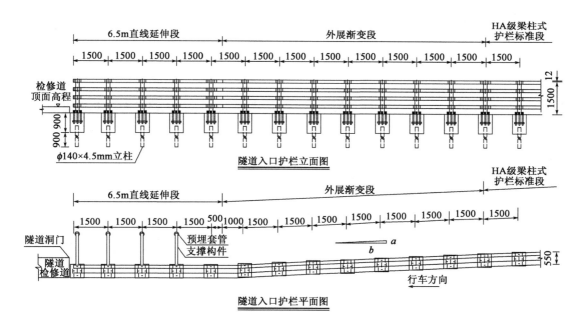

图 4-56 HA 级金属梁柱式隧道入口处护栏设计方案示例(尺寸单位:mm)

3) 活动护栏形式隧道入口护栏设计

针对隧道洞口中央分隔带及路侧设置配电房或隧道管理站等房屋建筑的路段,提出活动护栏形式隧道入口护栏设计,同样由 6m 长直线段以及渐变段组成。一种方式是采用插拔式立柱基础形式的混凝土预制结构(图 4-57);另一种方式是采用插拔式立柱基础形式的混凝土预制结构加波形梁钢护栏结构(图 4-58)。

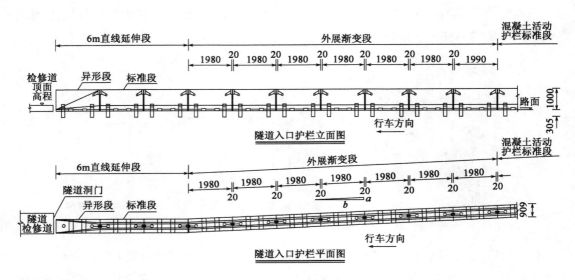

图 4-57　活动护栏形式隧道入口护栏设计(1)(尺寸单位:mm)

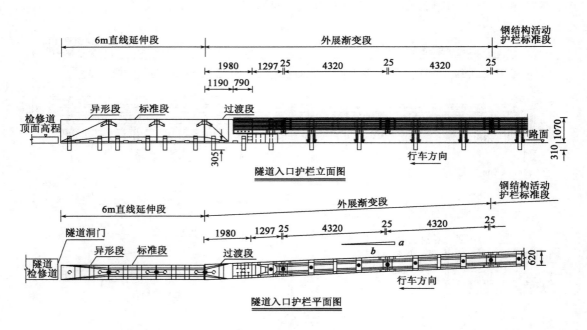

图 4-58　活动护栏形式隧道入口护栏设计(2)(尺寸单位:mm)

4.1.4　护栏安全性能评价

依据《评价标准》,采用实车足尺碰撞试验对 HA 级金属梁柱式护栏结构方案的安全性能进行客观评价,通过对各项检测数据的分析,评价护栏方案安全性能是否达到标准指标要求。

4.1.4.1 试验护栏和车辆

根据设计图纸,按1:1比例建设HA级金属梁柱式护栏[图4-59a)]。试验车辆[图4-59b)]总成完整,车辆的转向系统、悬架系统、车轮、前后桥和轮胎气压符合车辆正常行驶的技术要求,试验车辆配载至25t。

a)试验护栏　　　　　　　　　b)试验车辆

图4-59　试验护栏和试验车辆

4.1.4.2 试验结果

1)阻挡功能

图4-60所示为大型客车碰撞护栏过程图,大型客车碰撞护栏后逐渐转向,然后车尾碰撞护栏后车辆开始发生倾斜,在护栏对车尾的作用力和车辆重力的抗倾覆力矩作用下,大型客车恢复到正常行驶姿态并平稳驶出。

a)前视图

b)俯视图

图4-60　试验碰撞过程

2)导向功能

图4-61所示为大型客车导向驶出框示意图,可以看出大型客车驶出驶离点后的轨迹在20m范围内未越过直线,大型客车驶出护栏后一直沿贴近护栏方向行驶,体现出护栏对大型客

车良好的导向功能,满足评价指标要求。

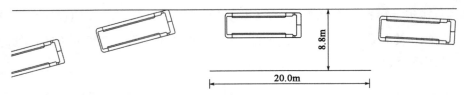

图 4-61　大型客车碰撞导向驶出框示意图

3)护栏损坏情况

大型客车碰撞护栏后,钢护栏发生变形,部分立柱发生倾斜,护栏最大残余变形为 0.13m,车辆与护栏的剐蹭长度为 11m,如图 4-62 所示。

图 4-62　碰撞后护栏损坏情况

4)车辆损坏情况

图 4-63 所示为大型客车碰撞护栏后损坏情况,碰撞过程中车辆前保险杠变形损坏,车辆前照灯损坏脱落,前风窗玻璃破裂,车辆碰撞侧车体有变形。

图 4-63　碰撞后大型客车损坏情况

5)安全评价结论

按照研究确定的隧道入口护栏安全性能评价标准,组织大型客车实车足尺碰撞试验,对 HA 级金属梁柱式护栏进行安全性能评价,护栏的各项指标均满足《评价标准》的要求,包括车辆最大动态外倾当量值 VI_n 较小,仅为 450mm,小于《评价标准》要求的限值 690mm,在一定程度上可有效降低车辆碰撞护栏后发生侧倾撞击隧道壁的风险,因此该护栏可作为隧道入口处护栏设置。试验碰撞结果形成安全性能评价简表,如表4-16 所示。

HA 级金属梁柱式护栏结构安全性能评价表 表4-16

评价项目			大型客车	
			测试结果	是否合格
阻挡功能	车辆是否穿越、翻越和骑跨护栏		否	是
	护栏构件及其脱离件是否侵入车辆乘员舱		否	是
导向功能	车辆碰撞后是否翻车		否	是
	车辆碰撞后的轮迹是否满足导向驶出框要求		是	是
缓冲功能	乘员碰撞速度(m/s)	纵向	—	—
		横向	—	—
	乘员碰撞后加速度(m/s^2)	纵向	—	—
		横向	—	—
护栏最大横向动态变形值 $D(m)$			0.2	
护栏最大横向动态位移外延值 $W(m)$			0.75	
车辆最大动态外倾值 $VI(m)$			0.35	
车辆最大动态外倾当量值 $VI_n(mm)$			0.45	
评价结论	该 HA 级金属梁柱式护栏按照八(HA)级试验条件,经大型客车实车碰撞试验检测,各项参数符合评价指标的要求			

4.2 隧道入口主动安全防护措施与建议

隧道入口路段影响行车安全的隐患主要有:①隧道入口由"明"至"暗"的暗适应影响下带来行车安全隐患;②由于隧道入口横断面变化,导致的冲撞隧道洞口的行车安全隐患。对于这些安全隐患,目前常用的改善措施如下所述。

(1)通过在入口处改变洞口形式或设置减光建筑,来达到改善驾驶员视觉感受的目的。常见的减光工程措施主要采取削竹式洞门、遮阳棚和遮光棚。

①削竹式洞门。

削竹式洞门是目前国内应用最广泛的一种考虑生态美学兼顾减光作用的隧道洞门方案,其形式如图4-64 所示。

削竹式洞门对于明暗视觉改善效果主要来自洞口侧面渐高的隧道壁,驾驶员接近隧道过程中,削竹式洞门范围内会出现遮光量逐渐增大的过程,从而减轻"黑洞效应"。但这种光环境改善方案存在一定缺点,由于削竹式洞门长度有限,一般长度均低于10m,在高速公路中,隧道路段限速一般为 60~80km/h,经历削竹式洞门路段最多仅需0.6s,过短的明暗过渡时间对于"黑洞效应"改善效果较为有限。

图 4-64　削竹式洞门

②遮阳棚和遮光棚。

在隧道入口采取相应的减光措施来缓解"黑洞效应"是常用的方法,目前主要采取的方法是在入口处设置遮阳棚或遮光棚。遮阳棚的顶棚一般为透光构造,不允许阳光直射到路面上,是为了减弱自然光亮度而修建的棚状构造物;遮光棚虽然也是一种减光措施,但它允许太阳光直射路面上,这是遮阳棚和遮光棚的本质区别。

a. 遮阳棚。

遮阳棚分单一透光率钢拱架式遮阳棚和多透光率组合的钢拱架式遮阳棚。单一透光率钢拱架式遮阳棚采用钢结构骨架与半透明遮光材料相结合的结构形式(图 4-65),在隧道入口和小间距隧道间均有使用;此类遮阳棚结构简单,施工难度低;遮光原理为将驾驶员进入隧道经历的一次较为严重的明暗视觉突变过渡为两次,能够在一定程度上减轻"黑洞效应",但当隧道外光照强度过大时,棚内仍可能出现明暗突变使驾驶员视觉不适的突变点。同时此类遮阳棚还存在受风雪荷载等不利气候条件的影响,需在设计时考虑。多透光率组合的钢拱架式遮阳棚结构与单一透光率钢拱架式遮阳棚基本相同,区别在于遮阳板选择多种透光率的组合形式(图 4-66),目标是实现棚内光照强度均匀过渡,以符合驾驶员视觉舒适的目标。此类遮阳棚对驾驶员隧道入口前明暗视觉过渡改善效果最佳。

图 4-65　单一透光率钢拱架式遮阳棚

b. 遮光棚。

遮光棚主要分为钢筋混凝土结构、钢结构、钢筋混凝土框架与钢拱架组合结构、钢筋混凝土环形框架与纵向连接钢管组合结构等形式。

(a)钢筋混凝土结构形式遮光棚。

钢筋混凝土结构形式遮光棚主要适用于隧道洞口地形较陡峻,需要防碎石坠落的地段,可以减少施工的工程量和维护工作量。设置时主要考虑的是遮光棚的防眩功能,增加在明亮环境中的无太阳光直接照射的行驶距离和减小太阳直射光进入驾驶员视野的角度,在驾驶员视觉上适应了亮度变化的时候让阳光进入视野。通常,导致驾驶员产生眩光的仰角为20°,只要保证遮光棚拱肋的位置在驾驶员视野20°范围内能遮挡太阳光即可防止驾驶员产生眩光。通过隧道明洞结构设置镂空部分,达到透光、减光的效果,能够有效控制隧道洞内的亮度,优化行车环境。目前变间距格栅式混凝土梁遮光棚(图4-67)作为钢筋混凝土结构遮光棚被广泛采用,此类遮光构造主要由混凝土门架组成,通过调整相邻混凝土门架的间距,在车辆驶入隧道过程中,使驾驶员感受到的光照强度逐渐降低,以减轻"黑洞效应"。变间距格栅式混凝土梁遮光棚的优点是棚内通风效果好,且雨雪天气对棚体荷载影响较小。但此类遮光棚存在一定缺点:一是施工较复杂,且断面形式多为方形,与公路隧道断面匹配度低,易在棚内末端与隧道相接处对驾驶员形成视觉冲击;二是在阳光强烈的白天,由于此遮光棚只能通过混凝土梁柱遮挡阳光,棚内会形成明显的明暗交替的"光条",驾驶员穿越遮光棚时会经历频繁的明暗交替,并产生视觉震荡,过高的闪现频率会使驾驶员感到视觉不适,对安全行车产生更大影响。

(b)钢结构形式遮光棚。

钢结构形式遮光棚(图4-68)在满足防眩效果的同时,通过调整构造物的规模就能基本达到减光的目的,适用于隧道洞口间地形较为开阔、不需要进行防碎石坠落的地段。由于目前遮光板材的正常使用寿命为5~10年,较遮光棚主体结构的使用寿命短,需要定期更换遮光板材;运营期间要定期对钢构件进行防锈、除锈维护,后期维修养护工作量大。该结构的遮光棚挡雨、阻雪能力强,能够减少风、雪、雨水对隧道的干扰,保证遮光棚段及隧道内空气流动;同时可以在遮光棚段考虑设置洞外联络通道,施工简单、工期短、造价低;并且可以将遮光棚与隧道作为一个整体进行隧道照明设计,有利于减小工程造价,降低隧道运营成本。

图4-66 多透光率组合的钢拱架式遮阳棚

图4-67 变间距格栅式混凝土梁遮光棚

(c)钢筋混凝土框架与钢拱架组合形式的遮光棚。

钢筋混凝土框架与钢拱架组合形式的遮光棚(图4-69)下部采用钢筋混凝土框架梁柱结构,上部采用钢拱架结构的组合结构形式,适用于地形开阔、需要跨越沟谷且不需要进行防碎石坠落的地段。该类型遮光棚能够充分发挥钢筋混凝土框架结构跨越能力大、灵活方便、通透性好、视野开阔、适应性强的特点;同时充分发挥钢拱架结构轻便,现场施工速度快,通过与遮光板材搭配,达到遮光、减光的效果,能够与周围的环境相匹配,能够增强隧道的透气性能,适合在跨度大的地段进行遮光设计,能够保持较大的空间,透光性能较好,紧急情况下,逃生、救援方便。但是这种结构需要定期更换遮光板材,钢拱架需要定期进行维护,结构挡雨、阻雪效果差,遮光棚段行车环境受洞外环境影响较大。

(d)钢筋混凝土环形框架与纵向连接钢管组合形式的遮光棚。

钢筋混凝土环形框架与纵向连接钢管组合形式的遮光棚(图4-70)是指遮光棚骨架由横向钢筋混凝土拱形结构组成,纵向采用钢筋混凝土纵梁及钢管连接的结构形式,沿遮光棚两侧种植藤本植物进行生态遮光,适用于地形开阔、不需要进行防碎石坠落、雨水充沛、四季常青的地段。这种遮光棚设计思想巧妙,施工工艺简单,充分发挥钢筋混凝土的骨架功能,成为承载主体,利用钢管作为附属承载体系,结构外侧种植藤本植物,利用天然植被进行减光、遮光,充分体现了高速公路隧道节能、减排的设计理念,实现了人与自然和谐相处的绿色环保理念,减少了对公路周围环境的影响与破坏。但是,它的适用范围受地域条件限制较大;维修养护周期短,需要根据外界环境条件,不定期地对藤本植物进行人工修剪、维护;减光性及遮光性受外界因素影响较大,很难达到适时精准控制;遮光棚段行车环境受洞外环境条件影响大;紧急情况下,逃生、救援困难。

(2)对于隧道横断面变化影响行车安全的情况,通常采取隧道横断面过渡设计,目前《公路隧道设计规范 第一册 土建工程》(JTG 3370.1—2018)规定,隧道洞外连接线线形应与隧道线形相协调,隧道洞口内外侧各3s设计速度行程长度范围的平、纵线形应一致。在进行横断面过渡设计的同时,一般还采取隧道入口被动安全防护设计,常见的几种方式在本书国内外相关技术及研究现状进行了介绍,此处不赘述。

图 4-68　钢结构形式遮光棚

图 4-69　钢筋混凝土框架与钢拱架组合形式的遮光棚

图 4-70　钢筋混凝土环形框架与纵向连接钢管组合形式的遮光棚

综合以上隧道入口段暗适应以及隧道横断面变化对行车安全影响的改善措施，给出以下建议：

（1）地形条件容许时建议优先选择削竹式洞门，在地势陡峭及偏压地段建议优先选择端墙式洞门。端墙式洞门俗称一字式洞门，适用于自然山坡陡峻、岩质稳定的Ⅳ类以上围岩和地形开阔的地区，是最常使用的洞门形式。

（2）采取遮阳棚或遮光棚作为减光措施来缓解"黑洞效应"时，应充分考虑棚立柱绊阻车辆的风险，必须经过充分安全论证后，选择合理的遮阳棚或遮光棚方案，来实现隧道内外光照的平稳过渡。

（3）加强隧道洞口视认性设计。

驾驶员在夜间驾驶车辆驶向隧道时，对隧道入口洞门视认性不足，无法及时采取相应的驾驶行为，易导致隧道洞门交通事故的发生。因此，建议加强隧道入口的视认性设计，如洞口反光环（图4-71）。加强隧道洞口的景观设计，条件允许时，采用自发光式洞口（图4-72），提高夜间隧道洞口的视认性。

图4-71　洞口反光环

图4-72　自发光式洞口

在隧道洞口侧墙端及顶面均设置立面标记，采用Ⅴ类反光膜。全洞门设置立面标记，可以有效地提醒驾驶员注意隧道入口路段断面形式的变化，增强洞口夜间反光效果。

（4）隧道洞口过渡设计。

建议按照公路主线段运行速度设置隧道宽度变化过渡段长度。隧道入口护栏可采用前文所述被动安全防护关键技术成果方案，更好地实现路侧护栏与隧道壁的平顺过渡，减少车辆绊阻。图4-73为采用BIM技术展示的隧道入口护栏过渡段设计。

（5）其他交通安全保障措施。

①设置禁止超车标志、隧道开大灯标志、限速标志，提醒驾驶员谨慎行驶车辆；

②在隧道洞口设置横向减速振动标线，提示驾驶员减速前行；

③隧道入口处和小半径转弯处设置红色防滑标线。

将主动与被动安全防护措施相结合，可实现隧道入口交通安全综合防护效果，有效提升该路段的安全运营水平。隧道入口交通安全防护综合设置示例可参照《设计细则》标准图，如图4-74所示。

a) 波形梁护栏　　　　　　　　　　　　　　b) 混凝土护栏

图 4-73　采用 BIM 技术展示的隧道入口护栏过渡段设计

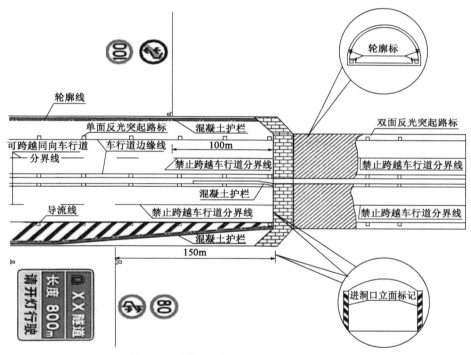

图 4-74　隧道入口交通安全防护综合设置示例

4.3　本章小结

本章采用计算机仿真分析与实车足尺碰撞试验相结合的技术手段,从被动安全防护的角度开展隧道入口护栏研究,对隧道入口护栏安全防护等级、碰撞条件、碰撞点位置进行系统分析,在此基础上提出了多种兼具防撞功能、导向功能、防较大侧倾功能的隧道入口护栏结构,其中最高防护等级达到 HA 级,均可在隧道入口处实现良好的安全防护效果。从主动安全防护的角度,提出有效措施和建议,通过事先预防来避免或减少事故的发生。主动安全防护和被动安全防护综合合理设置更好地起到了保护高速公路隧道入口交通安全的作用。

第 5 章 隧道内交通安全防护技术

5.1 概　　述

与隧道入口段相比,隧道内的交通事故率虽然有所降低,但是由于隧道内封闭性较高,发生交通事故后更加难以处理,往往造成严重损失。例如,2012 年瑞士当地时间 3 月 13 日,一辆载着 52 人的旅游客车在瑞士南部瓦莱州 9 号高速公路上的隧道内发生了严重交通事故(图 5-1),客车失控撞上隧道壁,造成 28 人死亡和 24 人受伤。2017 年 5 月 9 日,山东威海陶家夼隧道内发生一起交通事故,造成车内 12 人死亡,1 人重伤(图 5-2)。2018 年 4 月 24 日,大竹至石桥铺的铜锣山隧道内,一辆货车驶向检修道并与隧道壁相撞,车辆受到严重损坏,造成事故路段隧道被堵(图 5-3)。2020 年 9 月 9 日,沪陕高速公路西商段商洛方向一辆半挂车行驶至秦岭灞源隧道内时撞上隧道墙壁,事故造成该路段千余辆车堵塞(图 5-4)。此外,在一些设有紧急停车带、横洞的隧道路段,车辆碰撞隧道内壁和检修道引起的交通事故也不在少数,如图 5-5 所示。

图 5-1　瑞士南部瓦莱州 9 号高速公路上隧道内交通事故

图 5-2　山东威海陶家夼隧道内交通事故

图 5-3 铜锣山隧道内货车驶上检修道并与隧道壁相撞

图 5-4 秦岭灞源隧道内半挂车驶上检修道并与隧道壁相撞

a)隧道内紧急停车带位置事故案例一　　　　　　b)隧道内紧急停车带位置事故案例二

c)隧道内横洞位置事故案例

图 5-5　隧道内紧急停车带及横洞位置易发生车辆碰撞隧道壁或检修道事故

以上典型交通事故均发生于隧道内,可见一旦有车辆在隧道内发生碰撞事故,很容易引发"多米诺效应",衍生出一系列的严重后果,对隧道交通的正常运营造成极大影响。引起隧道内事故发生的原因是多方面的,且较为复杂,包括隧道环境因素(隧道线形、隧道路面条件、通风与照明控制设施、标志标线和天气等)、人的因素(驾驶员交通行为和隧道管理者行为等),以及车辆因素(车辆性能、交通组成、交通量和车速等)等,如何尽可能减少隧道内事故发生数量及降低事故严重程度,是目前隧道交通安全研究的方向之一。

通过调研了解,目前隧道内交通安全防护主要采取主动防护措施,隧道内设置防撞护栏等被动防护的情况甚少,这就导致车辆一旦失控偏离行车道,就极有可能与隧道内构造物发生碰撞,造成比较严重的人员伤亡以及财产损失(图5-1~图5-5事故案例)。如图5-6~图5-11所示为车辆碰撞仿真模拟,该模拟以实际高速公路某典型隧道为例,建立高精度计算机仿真模型,并选取了公路上具有代表性的车型进行精确建模,覆盖小型客车、大型客车、双层客车、整体式货车、鞍式列车以及油罐车六种车型,车辆吨位由1.5t至55t不等,结合隧道路段限速要求,小型客车碰撞速度选取100km/h,大型车碰撞速度均为60km/h左右,碰撞角度均为20°。

a)碰撞检修道　　　　　　b)骑上检修道与隧道壁碰撞　　　　　　c)发生明显"跳车"近乎失控翻车

图5-6　小型客车仿真碰撞过程

  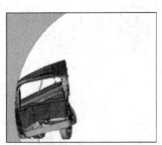

a)碰撞检修道　　　　　　b)骑上检修道与隧道壁碰撞　　　　　　c)车体在碰撞中受到严重挤压变形

图5-7　大型客车仿真碰撞过程结果

从仿真模拟结果可以看出,所有车型均轻易压过隧道内检修道(高度约25cm),并与隧道内壁相撞,其中小型客车碰撞后发生明显"跳车"并险些失控翻车,大型客车车身和双层客车上层车体均有较大变形,严重威胁车内乘员生存空间,整体式货车、鞍式列车以及油罐车在碰撞中同样发生严重破坏。值得注意的是,大型货车由于碰撞能量较大,在撞击过程中有可能对隧道内构造物造成损伤,图5-12a)中检修道盖板被车辆压碎后其内部重要管线可能裸露出来并在事故中受到毁坏,图5-12b)中隧道侧壁在被撞击中损坏严重,给隧道交通运营带来严重影响。此外,一些运载易燃易爆等危险化学品的车辆若在隧道内发生碰撞事故,后果不堪设想(图5-13)。

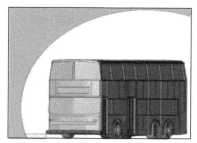  

a)碰撞检修道　　　　　b)骑上检修道与隧道壁碰撞　　　　　c)上层车体受到严重挤压变形

图5-8　双层客车仿真结果

a)碰撞检修道　　　　　b)骑上检修道与隧道壁碰撞　　　　　c)发生严重绊阻

图5-9　大型货车仿真结果

a)碰撞检修道　　　　　b)骑上检修道与隧道壁碰撞　　　　　c)发生严重绊阻

图5-10　鞍式列车仿真结果

a)碰撞检修道　　　　　b)骑上检修道与隧道壁碰撞　　　　　c)发生严重绊阻

图5-11　油罐车仿真结果

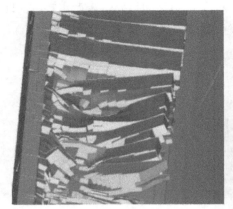

a) 车辆压毁隧道检修道盖板仿真结果(左)与事故现场(右)

b) 车辆撞毁隧道侧壁设施

图 5-12　货车碰撞造成隧道内构筑物损坏仿真结果及事故案例

图 5-13　隧道内油罐车碰撞事故案例

针对隧道内事故车辆容易冲上检修道碰撞隧道的安全问题,国内某些隧道采取在隧道检修道上设置钢结构护栏的方式,如图 5-14 所示,然而该形式护栏的设置是否合理,能否满足安全性要求,真正地起到减少交通事故人员伤亡和财产损失的作用,目前并未查阅到相关验证研究资料。从仿真模拟碰撞的角度分析后发现,其并不能起到有效的防护作用(图 5-15 ~ 图 5-21)。

图 5-14 国内某隧道内设置的安全护栏

图 5-15 小型客车碰撞隧道内护栏事故案例

a)碰撞检修道

b)骑上检修道并碰撞隧道壁

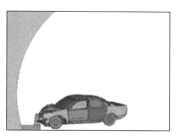
c)车辆绊阻发生横转

图 5-16 小型客车仿真结果

a)碰撞护栏

b)冲断护栏并骑上检修道

c)车辆严重绊阻

图 5-17 大型客车仿真结果

a)碰撞护栏

b)与护栏发生绊阻

c)撞向隧道壁

图 5-18 双层客车仿真结果

| a)碰撞护栏 | b)冲断护栏冲上检修道 | c)车辆绊阻在隧道壁 |

图 5-19 大型货车仿真结果

| a)碰撞护栏 | b)冲断护栏冲上检修道 | c)与护栏发生绊阻 |

图 5-20 鞍式列车仿真结果

| a)碰撞护栏 | b)与护栏发生严重绊阻 | c)未能正常导出 |

图 5-21 油罐车仿真结果

从上述仿真模拟结果可见,虽然钢结构护栏安装于检修道上后实现了防护高度的有效提升,但是在碰撞过程中小型客车却容易受到绊阻而发生横转(图 5-15),模拟结果与实际中类似事故较为一致,如图 5-16 所示。对于大型车辆,依然能够越过检修道及上部钢结构护栏并撞到隧道壁,如图 5-17~图 5-21 所示。可见,关于隧道内被动安全防护问题的研究尚未成熟,仍有待进一步探索研究。

5.2 隧道内被动安全防护探索

针对高速公路隧道内检修道、横洞以及紧急停车带位置的被动安全防护进行探索,可为隧道内安全防护技术研究提供可行的研究思路。

5.2.1 检修道位置被动安全防护探索研究

大量的试验数据及工程实践经验表明,防撞护栏等被动安全防护设施的有效防护高度是安全防护的关键。前述在隧道内检修道上部设置钢结构护栏就是增加高度的一种方式,但是该结构方案在阻挡与导向功能等方面有所欠缺,因此未能对失控车辆进行成功防护,同时钢结构护栏设置于检修道上部可能需要改造管线铺设方式,成本会较高。综合考虑安全、经济、施工方便以及不影响检修道实际功能等因素,探索提出检修道自带被动安全防护功能的设计思路,即通过增高检修道至一定安全高度,形成直壁式混凝土护栏,来防止事故车辆冲上检修道并避免车辆撞到隧道壁。为验证方案的可行性,通过计算机仿真技术,在25cm高隧道检修道模型基础上,将检修道高度提升至40~80cm,并通过小型客车、大型客车、双层客车、大型货车、鞍式列车和油罐车六种车型分别对几种高度检修道进行碰撞仿真(小型客车碰撞速度选取100km/h,大型车碰撞速度均为60km/h左右,碰撞角度均为20°),分析检修道高度增加是否能够起到较好的防护作用。

表5-1为小型客车分别碰撞加高后不同高度检修道的仿真计算结果,可以看出:检修道高度由原来的25cm提高至40cm后,已经能够阻止小型客车骑上检修道碰撞隧道壁,但是由于导向效果不佳,车辆失控发生横转,会对相邻车道行车安全造成威胁;继续加高后,高度50cm效果仍然不佳,当高度加至60cm时,可见小型客车碰撞检修道后成功导出,说明将检修道高度增至60cm后,检修道可以对小型客车进行有效防护。

小型客车碰撞不同高度检修道仿真计算结果 表5-1

高度	不同高度下车辆碰撞过程
40cm	 碰撞检修道,车辆失控发生横转

续上表

高度	不同高度下车辆碰撞过程
50cm	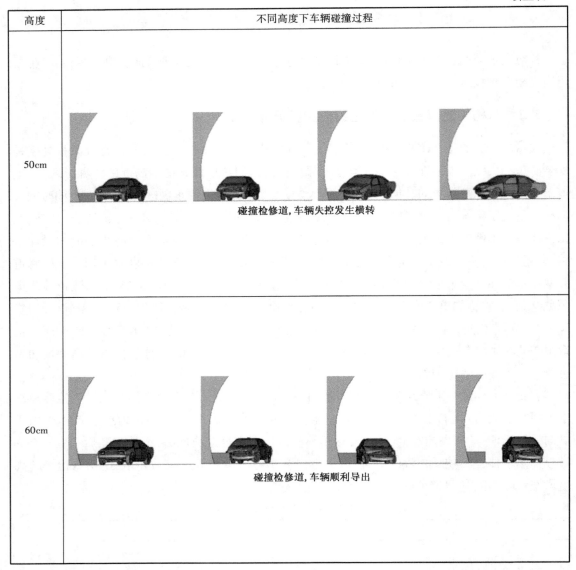 碰撞检修道,车辆失控发生横转
60cm	碰撞检修道,车辆顺利导出

表 5-2 为大型客车、双层客车、大型货车、鞍式列车及油罐车等大型车辆分别碰撞加高后不同高度检修道的仿真计算结果,可以看出:检修道高度由原来的 25cm 提高至 40cm 后,大型车辆仍能够骑上检修道并与隧道壁发生碰撞,碰撞后车辆发生严重变形甚至翻车,损坏严重;当检修道增高至 60cm 时,大型车辆虽然不再骑上检修道,但由于车辆重心高度较高,碰撞较低结构的检修道后车体侧倾现象明显,车身依然能够撞击到隧道壁,造成严重的事故后果;当检修道继续增高至 80cm 后,车辆侧倾现象有所改善,大大降低了撞击隧道壁的风险,同时,车辆损坏程度明显降低,说明增加检修道高度后能够有效提升大型车辆安全防护作用。

大型车辆碰撞不同高度检修道的仿真计算结果 表 5-2

碰撞车型	碰撞时刻	不同高度下车辆碰撞过程		
		40cm	60cm	80cm
大型客车	0s			
	0.4s			
	0.8s			
	1.6s			

续上表

碰撞车型	碰撞时刻	不同高度下车辆碰撞过程		
		40cm	60cm	80cm
双层客车	0s			
	0.4s			
	0.8s			
	1.6s			

续上表

碰撞车型	碰撞时刻	不同高度下车辆碰撞过程		
		40cm	60cm	80cm
大型货车	0s			
	0.4s			
	0.8s			
	1.6s			

续上表

碰撞车型	碰撞时刻	不同高度下车辆碰撞过程		
		40cm	60cm	80cm
鞍式列车	0s			
	0.4s			
	0.8s			
	1.6s			

续上表

碰撞车型	碰撞时刻	不同高度下车辆碰撞过程		
		40cm	60cm	80cm
油罐车	0s			
	0.4s			
	0.8s			
	1.6s			

综合以上探索研究可见，通过增高检修道至一定合理高度，形成直壁式混凝土护栏，能够对事故车辆起到较好的防护效果，为隧道内检修道实现被动安全防护提供了一个可行的研究思路。

5.2.2 紧急停车带位置被动安全防护探索研究

隧道内紧急停车带是供车辆发生故障等特殊情况下临时停车的区域(图 5-22)。由图 5-22 可以看出,隧道内紧急停车带位置处隧道横断面存在突变,车辆通过该位置时相当于再次通过一个收窄的隧道洞口,且检修道在紧急停车带位置断开,使得该位置新增了安全隐患点,车辆若在该位置发生碰撞,有可能发生类似碰撞隧道入口壁这样近乎正面碰撞的严重伤害事故。如图 5-23 所示,通过建立隧道紧急停车带仿真模型进行车辆碰撞模拟,车辆模型分别为小型客车、大型客车、大型货车和鞍式列车(小型客车碰撞速度选取 100km/h,大型车碰撞速度均为 60km/h 左右,碰撞角度均为 20°)。从碰撞仿真结果可见,隧道紧急停车带端部横断面突变位置边沿形成的直角对车辆造成严重伤害,车辆碰撞后均发生严重变形,无法顺利安全驶出。

图 5-22 隧道紧急停车带

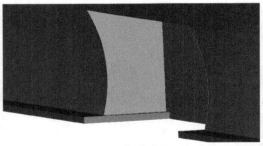

a)紧急停车区域有限元模型

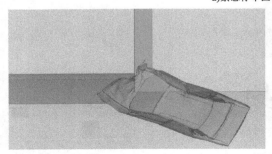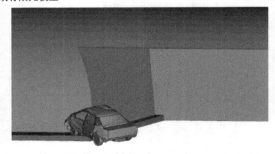

b)小型客车碰撞紧急停车区域前后对比

图 5-23

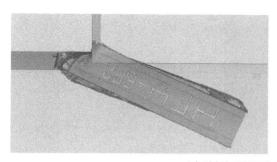
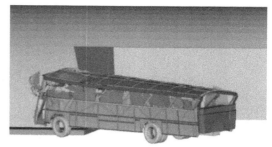

c) 大型客车碰撞紧急停车区域前后对比

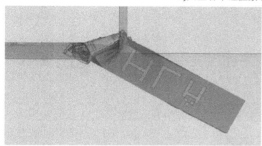

d) 大型货车碰撞紧急停车区域前后对比

e) 鞍式列车碰撞隧道横洞前后仿真对比

图 5-23 隧道紧急停车带仿真模型及车辆碰撞前后仿真对比

根据以上仿真分析可以看出,隧道内紧急停车带位置的过渡设计十分关键。基于此,本书探索性提出隧道紧急停车带端部横断面突变位置过渡设计。如图 5-24 所示,将紧急停车区沿行车方向下游的端部采用平滑过渡方式消除直角,以降低车辆绊阻风险及伤害程度。为验证方案的可行性,通过计算机仿真技术建立改进的隧道紧急停车区模型,通过小型客车、大型客车、大型货车和鞍式列车等车型分别对改进方案进行模拟碰撞,分析过渡设计是否能够起到降低安全风险的作用。

图 5-25 ~ 图 5-28 分别为小型客车、大型客车、大型货车和鞍式列车碰撞隧道紧急停车带端部过渡设计方案仿真轨迹图。可以看出,进行平顺过渡设计后紧急停车带端部具有较好的导向功能,四种车型均能够平缓地驶出紧急停车区域,从而避免了原先的车辆绊阻事故,从安全角度验证了该设计思路的可行性。

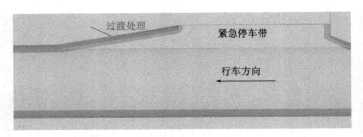

图 5-24　紧急停车带沿行车方向下游端部平滑过渡探索性设计

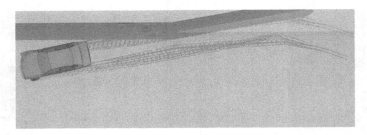

图 5-25　小型客车碰撞改造后紧急停车区域仿真轨迹

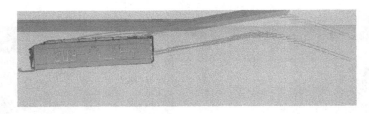

图 5-26　大型客车碰撞改造后紧急停车区域仿真轨迹

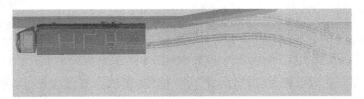

图 5-27　大型货车碰撞改造后紧急停车区域仿真轨迹

图 5-28　鞍式列车碰撞改造后紧急停车区域仿真轨迹

综合以上探索研究,可见将紧急停车区沿行车方向下游的端部采用平滑过渡方式处理,能够降低事故车辆的绊阻风险,为隧道内紧急停车带位置被动安全防护提供了一个可行的改进措施。

5.2.3　隧道横洞位置被动安全防护探索研究

隧道横洞是隧道之间开挖的联系通道(图5-29),分为车行横洞与人行横洞。车行横洞是方便车辆在两洞间转移;人行横洞是方便行人在两洞间转移,主要是为了火灾等事故发生时,满足车辆及人员的逃生需要。由图5-29可以看出,某些隧道内横洞位置原本设置连续的检修道被断开,使得隧道内新增了安全隐患点,车辆一旦在该位置发生碰撞,极有可能发生类似碰撞隧道入口壁、接近正面碰撞的严重伤害事故。如图5-30所示,建立隧道横洞有限元模型进行车辆碰撞仿真分析,可见隧道横洞边沿对车辆造成严重伤害,碰撞后均发生严重变形,无法顺利驶出。

图 5-29　隧道横洞

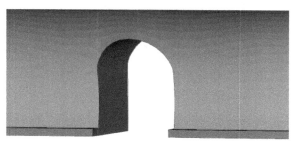

a)隧道横洞有限元模型

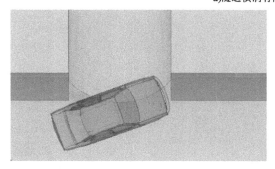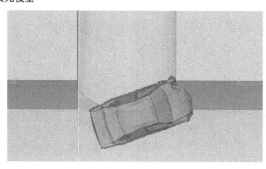

b)小型客车碰撞隧道横洞前后仿真对比

图 5-30

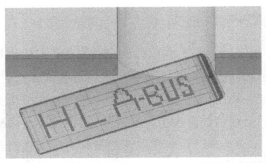
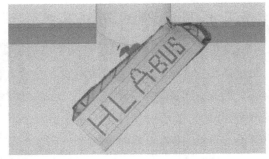

c)大型客车碰撞隧道横洞前后仿真对比

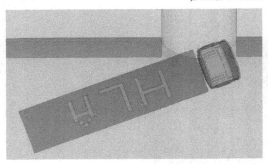

d)大型货车碰撞隧道横洞前后仿真对比

图 5-30 隧道横洞有限元模型及车辆碰撞前后仿真对比

针对隧道横洞位置安全隐患问题,提出以下改进建议:

(1)针对人行横洞,该位置检修道宜连续设置,结合检修道高度的探索研究,若横洞位置检修道提升至合理安全高度,亦能对事故车辆起到较好防护。图 5-31a)所示为人行横洞位置检修道连续设置的模型示例图。

(2)针对车行横洞,由于该位置检修道连续设置不利于车辆通行,通常会断开处理,提出该位置沿行车方向下游处的检修道端部采用渐变过渡方式,以降低车辆绊阻风险。图 5-31b)所示为车行横洞位置检修道端部渐变过渡设置的模型示例图。

a)人行横洞位置检修道连续设置　　　　　　b)车行横洞位置检修道端部渐变过渡设置

图 5-31 隧道横洞位置被动安全防护改进

图 5-32~图 5-34 分别为小型客车、大型客车和大型货车碰撞隧道横洞位置检修道端部过渡设计仿真轨迹图,可以看出,进行平顺过渡设计后横洞位置端部具有较好的导向功能,车辆均能够平缓地驶出,从而避免了原先的车辆绊阻事故,从安全角度验证了该改进设计的可行性。

图 5-32　小型客车碰撞改进后横洞位置检修道端部过渡设计仿真轨迹

图 5-33　大型客车碰撞改进后横洞位置检修道端部过渡设计仿真轨迹

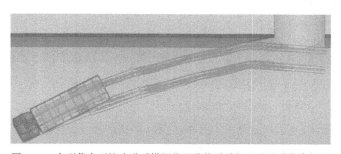

图 5-34　大型货车碰撞改进后横洞位置检修道端部过渡设计仿真轨迹

5.3　隧道内主动安全防护措施与建议

(1) 隧道内标志。

隧道内设置紧急停车带、紧急电话指示标志牌、车行横洞指示标志牌、人行横洞指示标志牌、限速标志以及紧急情况下疏散指示标志等。

(2) 隧道内标线。

①洞内行车道标志线采用禁止超车的实线,进行车道控制。

车道控制是减少交通事故的有效措施,特别对于隧道内路段。车道控制包括车道使用限制及车道变换限制两方面的内容。

结合我国高速公路交通管理条例和高速公路管理现状,考虑在隧道严格实行大小型车分道行驶,货车走右侧车道,洞内不准变道。洞内行车道标志线采用禁止超车的实线,并结合入洞前 500m 距离开始设置的"前方隧道,请按车型分车道行驶"等预告标志,同时在地面设置文字标记,划分小型车、大型车车道,引导小型车、大型车分别进入自己的车道。

②建议下坡路段隧道内车道边界线、分界线采用振动标线,一旦车辆越界行驶,发出振动提示,提醒驾驶员不要变换车道,回归正常车道行驶。

③在车道边界线采用纵向减速标线组。

④建议在隧道内的路面上每隔 100m 设置标志线,使驾驶员可以方便地估测 100m 或 50m 的车间距离,以提醒保持车距。

(3)隧道诱导设施。

①针对隧道特殊的线形组合,建议加强行车视线诱导措施及紧急情况下驾乘人员步行撤离的视线诱导措施。隧道内采用由隧道光电标志、隧道有源道钉、隧道光电轮廓标组成的隧道逃生系统。平时有源道钉、光电轮廓标能主动、清晰地指示隧道轮廓指导车辆行驶,事故时配合光电标志指示人员逃生。隧道光电标志按照《公路隧道交通工程设计规范》(JTG/T D71—2004)的要求进行设置,有源道钉、光电轮廓标按 15m/处的间距设置。同时,检修道的内壁设置黄黑相间的立面标记(图 5-35)。

图 5-35　隧道诱导设施

1-隧道光电标志;2-隧道有源道钉;3-隧道光电轮廓标

②设置反光环,如图 5-36 所示为隧道反光环施工前后对比。隧道反光环可以改善白天由于洞内外光线差异产生的瞬间黑洞效应,强化洞内的方向诱导(尤其是曲线隧道),改善视觉疲劳,缓解洞内行车压力(尤其是长大隧道);隧道反光环标志特别是在隧道照明不足或停电的情况下,充分体现它的优越性,能更好地诱导行车,提高隧道行车安全。图 5-37 为隧道反光环应用效果。

a)施工前

b)施工后

图 5-36　隧道反光环施工前后对比

a)改善车辆白天进入隧道产生的瞬间黑洞效应

b)强化隧道内的方向诱导

c)改善视觉疲劳,缓解洞内行车压力

d)照明不足情况下凸显隧道轮廓,诱导安全行车

图 5-37　隧道反光环应用效果

5.4　本章小结

隧道内由于封闭性高,发生交通事故后难于处理,往往造成比较严重的事故后果,应该引起足够重视。采用主动安全防护与被动安全防护相结合是较好的解决方案,然而目前对于隧道内的被动安全防护研究较少,隧道内被动安全防护薄弱。基于此,本章针对高速公路隧道检修道、横洞以及紧急停车带等位置的被动安全防护进行了探索性研究,为隧道内交通安全保障提供了可行的研究方向,可供相关设计研究人员借鉴。最后,还给出了隧道内部主动安全防护的措施与建议。

第 6 章　隧道出口交通安全防护技术

6.1　概　　述

　　隧道出口作为隧道路段的终点，常常因为驾驶员的疏忽导致事故发生，这是由于驾驶员在隧道内长时间行驶后，受隧道环境影响，心理较为压抑，存在加快驶离隧道的心理或行为，加之隧道出口处普遍会受到"白洞效应"、路面条件变化、侧风等不利因素影响，驾驶员稍有不慎就有可能在隧道出口处发生事故。相关事故有：2008 年 10 月 20 日，成南高速公路冯店隧道口处接连发生多起汽车追尾、侧翻事故[图 6-1a)]，造成了严重损失。2012 年 2 月 16 日，三亚大茅隧道出口处发生车祸，一辆由广州行至海口的海汽大型客车追尾皮卡车后，与路侧护栏发生碰撞[图 6-1b)]，多人受伤。2014 年 6 月 26 日，一辆大型客车在行至云蒙山隧道路段时因路面积水，客车打滑失控撞上路边的护栏最终翻倒在路中央[图 6-1c)]，车内人员不同程度受伤。2015 年 5 月 2 日，昆磨高速公路（国道 G8511）马鹿箐隧道出口处（昆明至景洪方向）一辆旅游客车发生侧翻，造成 26 人不同程度受伤[图 6-1d)]。2016 年 8 月 1 日，新窑隧道出口急弯路段处发生一起车祸，一辆小汽车在隧道出口撞向山体，驾驶员不幸身亡[图 6-1e)]。可见，隧道出口处的交通安全不容忽视，应做好交通安全防护措施，尽可能减少事故发生和降低事故伤害。

a)事故案例一　　　　　　　　　　　　b)事故案例二

图　6-1

c) 事故案例三

d) 事故案例四

e) 事故案例五

图 6-1 高速公路隧道出口交通事故案例

相关资料调查表明,高速公路隧道出口主要包括桥梁与隧道衔接、路基与隧道衔接两种情况,桥梁与隧道出口衔接处的护栏多为混凝土护栏和组合式护栏形式,路基与隧道出口衔接处的护栏多为波形梁钢护栏形式。通过对隧道出口护栏进行调查和分析(表6-1),发现目前绝大部分隧道出口护栏的设置存在着一些不足,例如桥梁与隧道衔接处的隧道出口混凝土护栏端部结构处理及其设置位置不合理、路基与隧道衔接处的隧道出口波形梁护栏端部未与隧道壁搭接锚固等。

隧道出口交通安全防护设置现状　　　　表6-1

防护设施形式		防护设施设置情况	
桥梁与隧道相接情况隧道出口护栏	混凝土护栏		混凝土护栏端部处理及其设置位置不合理,增加了车辆碰撞风险和正碰造成严重伤害的可能

续上表

防护设施形式		防护设施设置情况	
桥梁与隧道相接情况隧道出口护栏	组合式护栏	 	组合式护栏端部结构处理及其设置位置不合理,增加了车辆碰撞风险和正碰造成严重伤害的可能
路基与隧道相接情况隧道出口护栏	波形梁护栏（两波形梁）	 	波形梁护栏端部未与隧道壁搭接锚固且设置位置不合理,增加了车辆碰撞风险和正碰造成护栏板插入车体伤害的可能
	波形梁护栏（三波形梁）	 	波形梁护栏端部未与隧道壁搭接锚固且设置位置不合理,增加了车辆碰撞风险和正碰造成护栏板插入车体伤害的可能
	波形梁护栏（三波形梁并增加上部横梁）		波形梁护栏上部横梁未做过渡锚固处理,增加了车辆碰撞风险

由表 6-1 可以看出,虽然隧道出口处均设置了防撞护栏等被动防护设施,但是不合理的设置反而增加安全隐患,车辆在该位置一旦发生事故冲撞护栏,可能造成严重伤害(图 6-1 事故案例)。车辆碰撞事故的仿真模拟如图 6-2、图 6-3 所示,该模拟以实际桥梁与隧道相接的隧道出口护栏设置及路基与隧道相接的隧道出口护栏设置为例,建立高精度计算机仿真模型,并选取了公路上具有代表性的小型客车、中大型客车和中大型货车三种车型,其中小型客车的碰撞条件为总质量 1.5t、碰撞速度 100km/h、碰撞角度 20°,中大型客车的碰撞条件为总质量 10t、碰撞速度 60km/h、碰撞角度 20°,大中型货车的碰撞条件为总质量 10t、碰撞速度 60km/h、碰撞角度 20°。

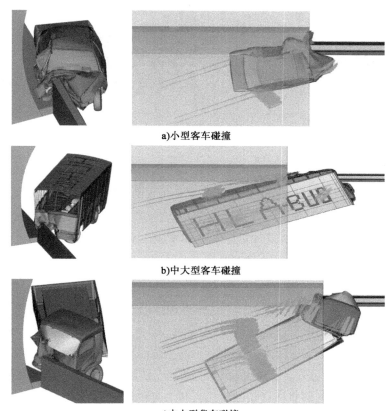

a) 小型客车碰撞

b) 中大型客车碰撞

c) 中大型货车碰撞

图 6-2 车辆碰撞隧道出口混凝土护栏

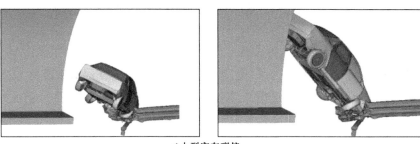

a) 小型客车碰撞

b) 中大型客车碰撞

图 6-3

c)中大型货车碰撞

图6-3 车辆碰撞隧道出口波形梁护栏

从仿真模拟结果可以看出,车辆碰撞混凝土护栏端部时,车辆均发生绊阻,车头严重挤压变形;车辆碰撞波形梁护栏端部时,小型客车由于车速较高,受到绊阻后车尾高高跃起,有发生翻滚的趋势,中大型客车骑跨护栏后直接穿越,中大型货车受到绊阻车头严重挤压变形。通过与实际事故对比(图6-1),仿真结果与实际发生的车辆碰撞隧道出口护栏事故较为一致,可见目前隧道出口护栏设置存在一定安全隐患。

为提升高速公路隧道出入口处的安全防护水平,在《公路交通安全设施设计规范》(JTG D81—2017)和《公路交通安全设施设计细则》(JTG/T D81—2017)中对隧道出入口护栏设置提出了最新要求,其中针对隧道出口处护栏设置,《设计细则》中规定:隧道出口处的路侧波形梁护栏可采用与隧道壁搭接的方式,端部护栏板应进行斜面焊接处理;对于隧道出口处的混凝土护栏提出要采用正常线形延伸至隧道洞口的处理方式。可见,《设计细则》对于隧道出口和护栏之间的衔接与过渡给出了原则性规定,但对于护栏如何具体设置未给出可供参考的示例,对实际工程的直接指导作用有限。因此,有必要针对隧道出口处护栏设置进行研究,给出安全合理的设置方案。

6.2 隧道出口被动安全防护设置研究

结合《设计规范》与《设计细则》相关规定,以隧道出口桥梁与隧道衔接处混凝土护栏及路基与隧道衔接处波形梁护栏为例,针对护栏设置位置及端部结构处理提出改进方案,示例中所用混凝土护栏、波形梁护栏分别符合《设计细则》中对设计等级为SS级混凝土护栏和A级波形梁护栏的结构设计要求。具体改进设置方案如下:

(1)桥梁护栏(以混凝土护栏为例)尽可能远离行车道,特别是其在出口处的护栏端头应设置于隧道壁之后,消除车辆正面碰撞风险;若有条件还宜将护栏做渐变过渡处理,以减小车辆碰撞角度。图6-4所示为桥梁与隧道相接情况隧道出口护栏改进措施示意图。

(2)路基护栏(以波形梁护栏为例)同样需要远离行车道,特别是其在出口处的护栏端头应与隧道壁内侧搭接锚固;若有条件也宜将护栏做渐变过渡处理,以减小车辆碰撞角度。图6-5所示为路基与隧道相接情况隧道出口护栏改进措施示意图。

为验证上述改进措施的可行性,在前面车辆碰撞事故仿真模拟计算的基础上,按照上述隧道出口处护栏改进方式建立仿真模型,采用小型客车、大型客车和大型货车分别进行碰撞模拟验证,相关结果如下。

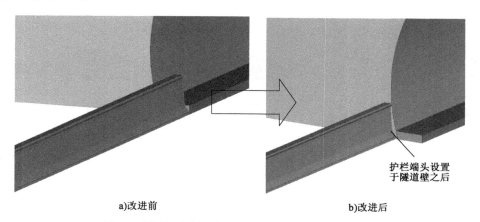

图 6-4　桥梁与隧道相接情况隧道出口护栏改进措施示意图

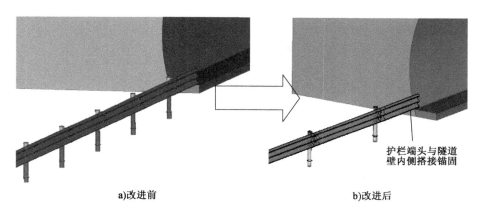

图 6-5　路基与隧道相接情况隧道出口护栏改进措施示意图

1) 小型客车碰撞

小型客车碰撞条件为总质量 1.5t、碰撞速度 100km/h、碰撞角度 20°。图 6-6 与图 6-7 分别为该碰撞条件下小型客车碰撞桥梁与隧道相接情况隧道出口混凝土护栏、路基与隧道相接情况隧道出口波形梁护栏的过程图,可见车辆均平稳驶出,没有穿越、翻越、骑跨和穿越护栏现象,碰撞后车辆恢复到正常行驶姿态,护栏阻挡功能良好。

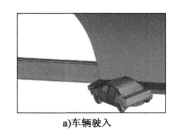
a) 车辆驶入

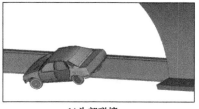
b) 头部碰撞

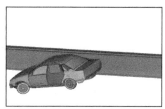
c) 车辆导出

图 6-6　小型客车碰撞桥梁与隧道相接情况隧道出口混凝土护栏

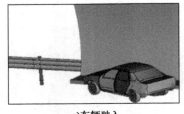  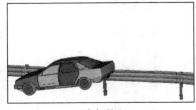

a) 车辆驶入　　　　　　　　b) 头部碰撞　　　　　　　　c) 车辆导出

图 6-7　小型客车碰撞路基与隧道相接情况隧道出口波形梁护栏

图 6-8 与图 6-9 分别为小型客车碰撞桥梁与隧道相接情况隧道出口混凝土护栏、路基与隧道相接情况隧道出口波形梁护栏后行驶轨迹图,可见小型客车碰撞护栏后的行驶轨迹满足导向功能要求,且小型客车驶离后未翻车,护栏导向功能良好。

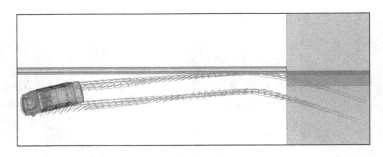

图 6-8　小型客车碰撞桥梁与隧道相接情况隧道出口混凝土护栏行驶轨迹

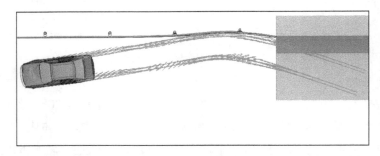

图 6-9　小型客车碰撞路基与隧道相接情况隧道出口波形梁护栏行驶轨迹

2) 中型客车碰撞

中型客车碰撞条件为总质量 10t、碰撞速度 60km/h、碰撞角度 20°。图 6-10 与图 6-11 分别为该碰撞条件下中型客车碰撞桥梁与隧道相接情况隧道出口混凝土护栏、路基与隧道相接情况隧道出口波形梁护栏的过程图,可见车辆平稳驶出,没有穿越、翻越和骑跨护栏现象,碰撞后车辆恢复到正常行驶姿态,护栏阻挡功能良好。

图 6-12 与图 6-13 分别为中型客车碰撞桥梁与隧道相接情况隧道出口混凝土护栏、路基与隧道相接情况隧道出口波形梁护栏后行驶轨迹图,可见中型客车碰撞后的行驶轨迹满足导向功能要求,且中型客车驶离后未翻车,护栏导向功能良好。

a) 车辆驶入　　　　　　　b) 头部碰撞　　　　　　　c) 车辆导出

图 6-10　中型客车碰撞桥梁与隧道相接情况隧道出口混凝土护栏

a) 车辆驶入　　　　　　　b) 头部碰撞　　　　　　　c) 车辆导出

图 6-11　中型客车碰撞路基与隧道相接情况隧道出口波形梁护栏

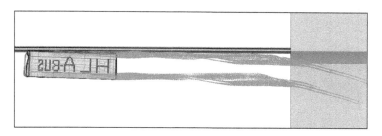

图 6-12　中型客车碰撞桥梁与隧道相接情况隧道出口混凝土护栏行驶轨迹

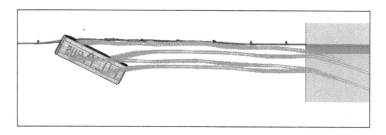

图 6-13　中型客车碰撞路基与隧道相接情况隧道出口波形梁护栏行驶轨迹

3) 中型货车碰撞

中型货车的碰撞条件为总质量 10t、碰撞速度 60km/h、碰撞角度 20°。图 6-14 与图 6-15 分别为该碰撞条件下中型货车碰撞桥梁与隧道相接情况隧道出口混凝土护栏、路基与隧道相接情况隧道出口波形梁护栏的过程图，可见车辆平稳驶出，没有穿越、翻越、骑跨护栏现象，碰撞后车辆恢复到正常行驶姿态，护栏阻挡功能良好。

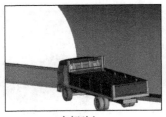  

a)车辆驶入　　　　　　　　b)头部碰撞　　　　　　　　c)车辆导出

图 6-14　中型货车碰撞桥梁与隧道相接情况隧道出口混凝土护栏

a)车辆驶入　　　　　　　　b)头部碰撞　　　　　　　　c)车辆导出

图 6-15　中型货车碰撞路基与隧道相接情况隧道出口波形梁护栏

图 6-16 与图 6-17 分别为中型货车碰撞桥梁与隧道相接情况隧道出口混凝土护栏、路基与隧道相接情况隧道出口波形梁护栏后行驶轨迹图,可见中型货车碰撞后的行驶轨迹满足导向功能要求,且中型货车驶离后未翻车,护栏导向功能良好。

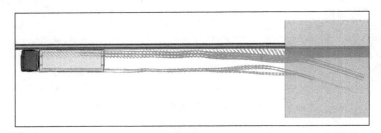

图 6-16　中型货车碰撞桥梁与隧道相接情况隧道出口混凝土护栏行驶轨迹

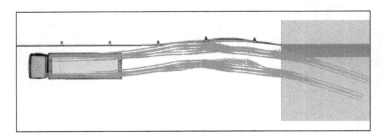

图 6-17　中型货车碰撞路基与隧道相接情况隧道出口波形梁护栏行驶轨迹

通过验证,可见针对桥梁与隧道相接情况及路基与隧道相接情况,提出的隧道出口护栏设置改进措施,有效消除了改进前车辆正面碰撞护栏端头的安全隐患,从被动防护角度大大提升了隧道出口位置的安全防护水平。

6.3 隧道出口主动安全防护措施与建议

针对高速公路隧道出口路段受"白洞效应"、路面条件变化、侧风等不利因素影响车辆安全运行的问题,从主动安全防护角度给出以下安全防护措施与建议:

(1)针对隧道出口明适应影响行车安全问题,建议隧道出口设置可满足遮阳的设施(图6-18)。根据已有工程经验,遮阳设施可以采用半透明或者镂空方式,设置长度建议保证隧道出口3s行程内无阳光直射现象(驾驶员瞳孔调整时间一般需要1~3s)。港珠澳大桥、深中通道等类似项目以及国外的工程经验表明,遮光棚和植物遮光都能很好地解决阳光直射导致的光晕和"白洞效应"。同时在隧道口可以考虑设置一些辅助驾驶员增强对路线理解的设施,如发光诱导标(图6-19),也可采取在阳光直射时段加强限速等措施。

图6-18 洞口遮阳设施

图6-19 发光诱导标

(2)隧道出口从洞外100m开始铺设彩色防滑标线,一直铺到洞里面200m,提高隧道路面的抗滑性。

(3)隧道连接桥梁的出口段可能受侧风影响,侧风较大的地区最危险的路段包含隧道出口处,由于行驶在隧道出口的驾驶员无法预知隧道外的天气情况,而且隧道洞口驾驶员的注意力集中在识别洞口外的公路特征上,而风是无形的,驾驶员对隧道洞口出现大风不会有足够的预期。在隧道外突然遇到强横风时,车辆在风力作用下侧移,会导致驾驶员被迫调整转向盘,在应急条件下,部分驾驶员会来回转动转向盘,大约经过几秒的时间才将转向盘调整到合适位置。在此期间,驾驶员应对纵向交通事件的能力明显减弱,这使本来就交通状况复杂的隧道出口处更加不利于交通安全。即使有相关提示、警示信息,驾驶员也难以做好万全准备。因此,建议隧道出口设置可满足遮风要求的设施。

6.4 本章小结

目前国内对于隧道出口路段的安全防护重视程度不足,这可以从调研中隧道出口位置的安全防护现状得到体现。隧道出口路段护栏等被动安全防护设施的处理存在诸多不合理之处，主要表现为护栏设施在隧道出口处的设置位置及其端头过渡处理不当，导致这些护栏不仅不具备应有的被动安全防护功能，还给隧道出口增加了安全隐患，车辆一旦撞到这个位置上的护栏，极有可能给车辆及乘员造成严重危害。针对这类隧道出口安全问题，本章研究提出的被动防护措施和建议，有效消除了车辆正面碰撞护栏端头的安全隐患。为更好地对隧道出口位置进行安全防护，同样需要借助主动安全防护手段，因此给出了主动安全防护建议。

参 考 文 献

[1] 杨明.基于运行速度的公路隧道设计安全评价[J].交通世界(建养·机械),2009(08):164-166.

[2] 周志刚,王奕屏,龙科军.基于运行速度的公路交通安全性评价方法[J].交通科学与工程,2009,25(01):91-95.

[3] 戴忧华,郭忠印,马艳,等.高速公路隧道运行环境安全评价指标[J].同济大学学报(自然科学版),2010,38(08):1171-1176.

[4] 杜博英.道路交通事故与车速建模[J].公路交通科技,2002(06):116-118.

[5] 李相勇,张南,蒋葛夫.道路交通事故灰色马尔可夫预测模型[J].公路交通科技,2003,20(04):98-100.

[6] 阎莹,张宇辉,郭忠印.基于运行速度的隧道进出口线形安全性评价[J].长安大学学报(自然科学版),2010,30(04):72-76.

[7] 张生瑞,赵友功,王超深.基于速度控制的高速公路隧道交通安全策略[J].长安大学学报(自然科学版),2009,29(06):74-77.

[8] 周忠业,廖志高,柳本民,等.高速公路隧道群行车特性及安全性分析[J].交通与计算机,2008(01):27-30.

[9] 裴玉龙,程国柱.高速公路车速离散性与交通事故的关系及车速管理研究[J].中国公路学报,2004(01):78-82.

[10] 马社强,刘东,郑英力.车速对道路交通安全的影响及对策[J].中国人民公安大学学报(自然科学版),2009,15(03):59-62.

[11] 孟广成,邰永刚.公路隧道口安全防护隐患解决方案研究[J].公路交通科技(应用技术版),2011,7(12):289-292.

[12] 周胤德,忻元發,張世忠.由近年國際重大公路長隧道事故檢討隧道安全設施[J].岩石力学与工程学报,2004(增2):4882-4887.

[13] 龙光.高速公路隧道交通安全影响因素分析及对策[J].公路交通科技(应用技术版),2010,6(10):204-206.

[14] 张玉春,何川,吴德兴,等.高速公路隧道交通事故特性及其防范措施[J].西南交通大学学报,2009,44(05):776-781.

[15] 张生瑞,马壮林,徐景翠.高速公路隧道内交通事故分布规律[J].长安大学学报(自然科

学版),2008(04):74-78.

[16] 张生瑞,马壮林,石强.高速公路隧道群交通事故分布特点及预防对策[J].长安大学学报(自然科学版),2007(01):63-66.

[17] 张玉春,何川,方勇,等.高速公路隧道群交通事故风险致因分析[J].中国安全科学学报,2009,19(09):120-124,180.

[18] 张校贵,屈永照,徐北平.西汉高速公路交通事故客观因素分析及对策[J].公路与汽运,2010(06):71-74.

[19] 何操,张校贵.西汉高速公路下行线某段交通事故分析及预防[J].公路与汽运,2008(03):60-63.

[20] 杜博英,方守恩.车速降低与交通安全评价[J].山东交通科技,2002(01):66-68.

[21] 郭忠印,戴忧华,周小焕.高速公路隧道(群)风险特征点的临界安全车速及其应用研究[J].中国公路学报,2010,23(S2):116-122.

[22] 杜志刚,潘晓东,杨轸,等.高速公路隧道进出口视觉震荡与行车安全研究[J].中国公路学报,2007(05):101-105.

[23] 方靖,汪双杰,祝站东,等.高速公路隧道路段大型车运行速度模型[J].交通运输工程学报,2010,10(03):90-94.

[24] 祝站东,荣建,周伟.高速公路隧道路段小客车运行速度模型研究[J].公路交通科技,2010,27(07):123-127.

[25] 高胜辉.常吉路隧道(群)安全监控[J].公路交通科技,2003(S1):40-43.

[26] 陈南岳.邵怀高速雪峰山隧道群安全管理问题研究[J].湖南公安高等专科学校学报,2009,21(03):10-14.

[27] 刘洪启,沈涛,吴云,等.双车道公路隧道群紧急停靠带安全设置位置分析[J].公路,2009(03):205-209.

[28] 张晓燕.隧道群整体安全系数计算方法与应用分析[J].中外公路,2009,29(03):143-145.

[29] 符建,林志文.台金高速公路苍岭特长隧道群交通安全分析与管理思考[J].公安学刊(浙江警察学院学报),2009(02):94-96.

[30] 郝志虎.高速公路特长隧道群安全综合评价研究[D].西安:长安大学,2008.

[31] 王亚群.高速公路隧道小客车运行速度预测模型研究[D].西安:长安大学,2011.

[32] 周娜.高速公路隧道群交通运行环境分析与评价研究[D].西安:长安大学,2010.

[33] JOHN O B,THOMAS R K,ELWYN H K. Tunnel Engineering Handbook[M]. Boston:Springer, MA,1996.

[34] LIU G X. A Study of Traffic Safety and Vehicle Travel Speed in Saskatchewan[J]. Saskatchewan Highways and Transportation,1996.

[35] KAY F,LILY E,DOUGLAS W,et al. Speed prediction for two lane rural highways[R]. Washington DC:Federal Highway Administration,2000.

[36] P MISAGHI,Y HASSAN. Modeling Operating Speed and Speed Differential on Two-Lane Rural Roads[J]. Journal of Transportation Engineering,2005,131(6).

[37] 赵志强.高速公路旧路护栏及分隔带开口活动护栏安全性能提升方案设计[D].天津:河北工业大学,2015.

[38] 闫书明,廖书宾,马亮,等.防撞活动护栏端部框架优化[J].公路工程,2011,36(06):51-54.

[39] 闫书明.防撞活动护栏碰撞分析[J].武汉理工大学学报(交通科学与工程版),2013,37(05):1046-1050.

[40] 闫书明,郑斌,李黎龙,等.梁柱式型钢护栏设计优化及安全性能评价[J].公路交通科技,2012,29(01):139-144.

[41] 何汉桥.大客车车身结构安全性仿真研究[D].长沙:湖南大学,2007.

[42] 闫书明.有限元仿真方法评价护栏安全性能的可行性[J].振动与冲击,2011,30(01):152-156.

[43] TE BELYTSCHKO,WING KAM LIU,BRIAN MORAN.连续体和结构的非线性有限元[M].庄茁,译.北京:清华大学出版社,2002.

[44] 张耀,曹小平,王春芬,等.材料力学[M].北京:清华大学出版社,2015.

[45] 熊高.桥墩碰撞理论研究与分析[D].长沙:湖南大学,2013.

[46] 闫书明.单坡面混凝土护栏碰撞分析[J].北京工业大学学报,2012,38(04):586-589+613.

[47] 罗德龙,侯福金,闫书明,等.组合式护栏混凝土底座坡面性能研究[J].公路,2009(09):229-232.

[48] 中华人民共和国交通运输部.公路交通安全设施设计细则:JTG/T D81—2017[S].北京:人民交通出版社股份有限公司,2017.

[49] 尉红彬.高防撞等级混凝土景观护栏设计研究[D].石家庄:石家庄铁道大学,2017.

[50] 贾宁.隧道入口处混凝土护栏设计及安全性能分析[J].公路交通科技,2016,33(05):128-134.

[51] 李林超.高速公路隧道出入口段交通安全分析与改善措施[D].西安:长安大学,2015.

[52] 王少飞,陈建忠,涂耘.公路隧道的交通特点研究[J].道路交通与安全,2009,9(01):36-40.

[53] 戴忧华,安超杰,廖志高,等.高速公路隧道路段交通安全特性研究[J].交通信息与安全,2010,28(02):101-106.

[54] SHY B. Overview of traffic safety aspects and design in road tunnels[J]. IATSS Research,2016,40(01):35-46.

[55] AYÇA B Ü,LINDA S,KAI E. The influence of music on mental effort and driving performance[J]. Accident Analysis and Prevention,2012,48(05):271-278.

[56] 黄发明.基于"黑洞效应"的公路驾驶员视错觉改善方法实验研究[D].武汉:武汉理工大学,2014.

[57] 肖尧,杜志刚,陶鹏鹏,等.公路隧道出口"白洞"效应改善方法研究[J].武汉理工大学学报(交通科学与工程版),2015,39(03):573-576.

[58] 杜志刚,孟爽,郑展骥,等.基于视觉参照系重构的高速公路长隧道照明设置新方法[J].公路,2017,62(02):230-237.

[59] 杜志刚,徐弯弯,孟爽,等.基于视错觉的公路隧道环境改善研究新进展[J].武汉理工大学学报(交通科学与工程版),2017,41(02):185-190.

[60] 赖金星,张鹏,周慧,等.高速公路隧道交通事故规律研究[J].隧道建设,2017,37(01):37-42.

[61] 吕凡,朱欢.高速公路隧道入口安全设施优化设计[J].黑龙江交通科技,2019,42(11):167-169.

[62] 傅磊.永吉高速公路隧道入口处安全设施设计[J].交通世界,2018(22):82-83.

[63] 王赟.公路特殊隧道路段交通标志设计及其有效性评价研究[D].长沙:中南大学,2014.

[64] 中华人民共和国交通运输部.公路交通安全设施设计规范:JTG D81—2017[S].北京:人民交通出版社股份有限公司,2017.

[65] 王晨.山区高速公路交通安全分析与设施保障技术研究[D].西安:长安大学,2013.

[66] 詹伟.山区高速公路长大隧道群区域交通安全保障技术研究[D].杭州:浙江大学,2013.

[67] 李舜.河北省公路隧道交通安全保障技术标准化研究[D].石家庄:石家庄铁道大学,2013.

[68] 黄婷,陈云,牟星宇,等.高速公路隧道提质升级交通安全设施典型问题及对策[J].公路,2020,65(04):256-261.

[69] 交通运输部.2018年交通运输行业发展统计公报[N].中国交通报,2019-04-12(002).

[70] 杜志刚,徐弯弯,向一鸣.基于视线诱导的公路隧道光环境优化研究框架[J].中国公路学报,2018,31(04):122-129.

[71] 王晓燕,马兆有,董宪元.我国隧道交通事故分析及管理对策研究[J].交通工程,2017,17(06):33-37.

[72] 中华人民共和国交通运输部.公路隧道提质升级技术指南[S].北京:人民交通出版社股份有限公司,2019.

[73] 高教银.建设项目全寿命周期成本理论及应用研究[D].上海:同济大学,2008.

[74] 毕建彬.道路交通事故的人因分析与驾驶员可靠性研究[D].北京:北京交通大学,2012.

[75] 张淑林,何利佳.宽容性设计在公路中的应用[J].科技信息,2011(09):352+358.

[76] 吕康成.公路隧道运营管理[M].北京:人民交通出版社,2006.

[77] 汪建平,邓云塘,钱公权.道路照明[M].上海:复旦大学出版社,2005.

[78] 中华人民共和国交通部.公路隧道通风照明设计规范:JTJ 026.1—1999[S].北京:人民交通出版社,1999.

[79] 马昌喜,广晓平,钱勇生.长大公路隧道交通安全研究[J].灾害学,2008,23(01):82-87.

[80] 王炜,过秀成.交通工程学[M].南京:东南大学出版社,2000.

[81] 师利明,罗德纯,邓顺熙.公路隧道内噪声预测和降噪措施的理论研究[J].中国公路学报,1999,12(S1):101-105.

[82] 重庆交通科研设计院.公路隧道交通工程设计规范:JTG/T D71—2004[S].北京:人民交通出版社,2004.

[83] 张进县,赵忠杰.长大公路隧道的特点及其对驾驶员的适应性对策[J].汽车驾驶员,1995,11(08):51-54.

[84] 韩凤春,马社强.山区高速公路交通事故特征及防控体系研究[J].公路交通科技,2005,22(12):135-139.

[85] 刘利花,张金喜.高速公路不良天气交通事故分析[J].道路交通与安全,2006,6(08):26-29.

[86] 袁振洲,魏丽英,谷远利.道路交通管理与控制[M].北京:人民交通出版社,2007.

[87] 王健,潘福全,张丽霞,等.公路隧道交通安全研究现状与展望[J].现代交通技术,2018,15(05):36-40.

[88] 马壮林.高速公路隧道交通事故分析与预防对策[D].西安:长安大学,2006.

[89] 冯勇.论高速公路隧道交通安全性管理对策[J].科学之友(B版),2008(07):36-37.

[90] 张晶晶,赵志忠.高速公路隧道交通安全评估研究[J].公路,2011(10):151-155.

[91] AMUNDSEN F H,RANES G. Studies on Traffic Accident in Norwegian Road Tunnels[J]. Tunnelling and Underground Space Technology,2000,15(01):3-11.

[92] AMUNDSEN F H, A ENGEBRETSEN. An Analysis on Traffic Accidents in Road Tunnels 2001-2006[J]. Road and Traffic Depart:Traffic Safety Section,2009(03):67-72.

[93] 王少飞,林志,陈建忠,等.山区高速公路隧道交通安全问题探讨[J].公路交通技术,2009(06):137-143.

[94] 杨波,徐姣,倪晓阳.高速公路隧道交通安全事故树分析[J].安全与环境工程,2011,18(03):59-63.

[95] YEUNG J S,WONG Y D. Road Traffic Accidents in Singapore Expressways Tunnels[J]. Tunnelling and Underground Space Technology,2013(38):534-541.

[96] HARTMANN E,FINSTERWALDER J,MUELLER M. Kinetic Luminance Measurement and Assessment of Road Tunnels [J]. Lighting Research and Technology,1986,18(01):28-36.

[97] 尚荣丽,张生瑞.高速公路隧道交通安全保障系统的研究[J].公路,2006(12):127-130.

[98] 何家祥,马璐,邓卫东.高速公路隧道交通安全问题及对策分析[J].公路交通技术,2006(03):130-132.

[99] GEVA V,DAVID S,YUVAL B. In-vehicleInformation Systems to Improve Traffic Safety in Road Tunnels[J]. Transportation Research Part F:Traffic Psychology and Behaviour,2008,11(01):61-74.

[100] 许宏科,揣锦华,张华,等.公路隧道交通流的数据挖掘[J].长安大学学报(自然科学版),2005,25(04):66-69.

[101] 张生瑞,李耘,赵友功.山区高速公路隧道群交通安全分析方法[J].交通运输工程学报,2011,11(06):94-99.

[102] XING Y,LU J,LU L,et al. Traffic Safety Evaluation Model of Road Tunnels Based on VISSIM[C]//ICTE 2013-proceedings of the 4th International Conference on Transportation Engineering. Reston:American Society of Civil Engineers,2013.

[103] 张正义,朱诗慧,朱可宁,等.高速公路隧道入口区段交通流模拟与安全性研究[J].安全与环境学报,2015,15(06):146-150.

[104] 林丽,蒋聪,徐晓丹,等.基于加速度干扰的城市隧道出入口交通流拥挤度评价[J].公路交通科技,2016,33(06):113-118.

[105] 周林英,韩静,赵忠杰.事件状态下高速公路隧道群的交通流特性分析[J].中国科技论文,2017,12(07):839-844.

[106] GABRIEL B. Traffic Jams in Highway Tunnels with Two Lanes[J]. Strassenverkehrstechnik,1976,20(06):215-218.

[107] 杜益文,韩直,杭力,等.公路隧道安全模糊评价方法[J].公路交通技术,2006(04):120-123.

[108] MENG Q,QU X B. Estimation of Rear-end Vehicle Crash Frequencies in Urban Road Tunnels[J]. Accident Analysis and Prevention,2012(48):254-263.

[109] CALIENDO C,DE GUGLIELMO M L,GUIDA M A. A Crash-prediction Model for Road[J]. Accident Analysis and Preventio,2013(55):107-115.

[110] 葛敏莉,孙璐.山区高速公路隧道交通安全研究[J].交通运输工程与信息学报,2013,11(01):59-67.

[111] 万红亮,杜志刚,冯超,等.基于视错觉的公路隧道中部安全控速方法[J].交通信息与安全,2014,32(05):146-153.

[112] RICHARD W. Marselles Harbor Tunnel Lighting Installation[J]. Electronic Engineer,1969,46(06):28-29.

[113] TANIGUCHI H,NAKAMURA T,FURUSAWA H. Methods of Traffic Flow Measurement U-

sing Spatio-temporal Image[C]// The Proceedings of IEEE International Conference on Image Processing. Los Alamitos:IEEE,1999.

[114] 马昌喜,广晓平,钱勇生.长公路隧道交通安全研究[J].灾害学,2008,23(01):82-87.

[115] 姜学鹏,徐志胜.公路隧道事故分级及其应急救援研究[J].灾害学,2008,23(04):91-95.

[116] 林杉,许宏科,刘占文,等.公路隧道突发事件CBRRBR交通控制方法[J].交通运输工程学报,2011,11(04):108-122.

[117] 宋白桦.高速公路隧道技术的应用[J].浙江交通职业技术学院学报,2015,16(03):5-9.

[118] GUO C,WANG M N,YANG L. Intelligent Traffic Safety Control Technology of Highway Adjoining Tunnel and Tunnel Group[C]// ICTE 2013-Proceedings of the 4th International Conference on Transportation Engineering,Reston:American Society of Civil Engineers,2013.

[119] JANCARIKOVA E,DANISOVIC P,SRAMEK J. Increase of Road Tunnels Safety Using Tunnel Traffic and Operation Simulator[C]//The Proceedings of 5th International Scientific Conference,Moscow:EDP Sciences,2016.

[120] 王少飞,张建阳,赵春艳,等.大数据技术在公路隧道工程中的应用探讨[J].公路,2017(08):166-173.

[121] 张本友,范杰,陶华.山区高速公路隧道安全设计中典型问题及对策[J].公路与汽运,2010(03):43-45.

[122] AMUNDSEN F H,RANES G. Studies on Traffic Accidents in Norwegian Road Tunnels[J]. Tunnelling and underground space technology,2000,15(01):3-12.

[123] 王琰,孔令旗,郭忠印,等.基于运行安全的公路隧道进出口线形设计[J].公路交通科技,2008,25(03):134-138.

[124] 吕国仁,闫书明,白书锋,等.新型波形梁护栏端头开发[J].交通运输工程学报,2008,8(06):53-56.

[125] 张进华.高速公路隧道设计与交通安全[J].中南公路工程,1998,23(02):26-28.

[126] 邰永刚,赵震宇,陈红缨,等.高度自适应护栏过渡段研究[J].公路工程,2011,36(01):12-15.

[127] 杨轸,唐莹,唐磊.隧道出入口平面线形一致性[J].同济大学学报(自然科学版),2012,40(04):553-558.

[128] 杨轸,郭忠印.隧道进出口车速变化研究[J].上海公路,2006(01):48.

[129] 中华人民共和国交通运输部.公路隧道设计规范 第一册 土建工程:JTG 3370.1—2018[S].北京:人民交通出版社股份有限公司,2018.

[130] NRA. Design manual for roads and bridges[S]. Dublin:The UK Highways Agency,2001.

[131] FHWA. Technical manual for design and construction of road tunnels[EB/OL]. (2009-10-

16)[2010-12-30]http://www.fhwa.dot.gov/bridge/tunnel/pubs/nhi09010/02.cfm.

[132] MASHIMO H. State of the road tunnel safety technology in Japan[J]. Tunneling and Under Ground Space Technology,2002,17:145.

[133] ONAYGIL S,GULER O,ERKIN E. Determination of the effects of structural properties on tunnel lighting with examples from Turkey[J]. Tunneling and Underground Space Technology,2003,18(01):85.

[134] 林宣财.公路隧道洞口平面线形设计有关问题的探讨[J].公路,2007(03):22.

[135] 潘晓东,杜志刚,杨轸.动视点指标与隧道进口平曲线半径[J].同济大学学报(自然科学版),2008,36(12):1661.

[136] 张金水,张廷楷.道路勘测设计[M].上海:同济大学出版社,1998.

[137] 贺亚峰.隧道交通安全研究综述[J].山西建筑,2010,36(30):337-339.

[138] 中华人民共和国交通运输部.公路项目安全性评价规范:JTG B05—2015[S].北京:人民交通出版社股份有限公司,2016.

[139] 王毅才.隧道工程[M].北京:人民交通出版社,2006.

[140] V CART,J H M TAH. A fuzzy Approach to Construction Project Risk Assessment and Analysis:Construction Project Risk Management System[J]. Advances in Engineering Software,2001(32):845-857.

[141] 杨彦峰.隧道出入口线形安全性评价指标及方法研究[D].上海:同济大学,2007.

[142] 马玉成.隧道进出口运营安全保障技术研究[D].上海:同济大学,2007.

[143] 郑新定.公路隧道交通工程设计[J].隧道建设,2007(2):89-90.

[144] 俞宇萍,徐忠阳.隧道洞口交通安全影响因素分析与对策[J].交通标准化,2006(04):102-105.

[145] 侯小路.公路隧道交通安全措施探索[J].山东交通科技,2008(04):23-26.

[146] 王和,王海航.对省内公路隧道交通安全管理工作的思考[J].公安学刊.浙江公安高等专科学校学报,2005(06):30-33.

[147] 马壮林.高速公路隧道交通事故分析及预防对策[D].西安:长安大学,2006.

[148] 丁恒,高速公路隧道交通诱导与控制策略研究及系统实现[D].西安:长安大学,2005.

[149] 周广振.高速公路隧道限速研究[D].重庆:重庆交通大学,2008.

[150] 张亚林.高速公路中短隧道照明研究[D].长沙:湖南大学,2008.

[151] 沈艾中.警惕隧道交通事故——谈隧道交通事故多发的成因及预防措施[J].公安学刊.浙江公安高等专科学校学报,2002(10):225-229.

[152] 曾祥平.公路隧道交通安全预警理论与方法研究[D].重庆:重庆交通大学,2008.

[153] 杨华剑.公路线形对隧道交通安全的影响及隧道监控系统的研发[D].广州:华南理工大学,2004.

[154] 夏永旭,王永东,邓念兵,等.公路隧道安全等级研究[J].安全与环境学报,2006(08):77-81.

[155] 杜志刚,潘晓东,郭雪斌.公路隧道进出口行车安全的视觉适应指标[J].华南理工大学学报(自然科学版),2007(07):61-65.

[156] 曾祥平,邱娟,李俊娜.公路隧道安全评估方法研究[J].公路交通技术,2007(09):58-63.

[157] 黄红武,莫劲翔,杨济医,等.影响护栏防护性能的相关因素研究[J].湖南大学学报(自然科学版),2004,31(02):45-47,59.

[158] 乔希永,张国胜,王成虎,等.基于车辆-护栏碰撞的乘员风险评价方法[J].公路交通科技,2013,30(04):155-158.

[159] 杨济匡,孔成,肖志.高速公路双波护栏对客车碰撞的防护性能仿真研究与改进[J].公路交通科技,2014.31(10):134-140.

[160] 黄红武,刘正恒,钟志华,等.汽车与高速公路护栏碰撞的计算机仿真[J].机械工程学报,2003,39(11):130-135.

[161] 毛娟娟.客车与半刚性护栏碰撞的有限元分析与模拟[D].大连:大连理工大学,2008.

[162] 刘建勋,唐辉,张翼峰,等.半刚性双波护栏与双条半刚性护栏防撞性能仿真对比[J].重庆交通大学学报:自然科学版,2012,31(02):281.

[163] 周炜,张天侠,崔海涛,等.轿车与公路护栏碰撞的有限元仿真[J].北京工业大学学报,2008,34(03):298-309.

[164] 张鹏,周德源.基于ANSYS/LS-DYNA的护栏冲击模拟分析精度研究[J].振动与冲击,2008,27(04):147-176.

[165] 舒翔,张晓晴,黄小清,等.高速公路护栏系统的有限元优化分析[J].公路交通科技,2006,23(05):121-125.

[166] 董凯.隧道交通安全设施设置的探讨[J].公路交通科技,2012(01):180-183.

[167] 杨在强.隧道交通安全设施设置[J].山东交通科技,2013(04):75-76.